●思政融入　●理实一体化　●工作任务卡　●配套数字资源

# 数字影像档案技术与实训

主　编◎李　灿　李雪峰
副主编◎李贵孚　石　莹　朱晓姝　魏　豪　山敏怡

同济大学 出版社
TONGJI UNIVERSITY PRESS
·上海·

## 内 容 提 要

本书基于产教融合理念，聚焦数字影像档案技术，引用行业一线案例，涵盖数字影像档案的项目流程、数字影像档案的前期技术、数字口述影像的制作、数字影像档案的中期管理、数字影像档案的数据化制作、数字影像档案的智能化应用和数字影像档案的后期成果应用案例等内容。本书强调实践性，以问题为导向设计学习情境和编排模块，并采用活页形式。

本书既可以作为数字影像档案技术、广播影视节目制作、影视编导等专业的新形态教材，也可以作为数字影像档案制作人员开展进阶学习时的工作手册。

**图书在版编目（CIP）数据**

数字影像档案技术与实训 / 李灿，李雪峰主编；李贵孚等副主编. --上海：同济大学出版社，2024.10
ISBN 978-7-5765-0671-6

Ⅰ. ①数… Ⅱ. ①李… ②李… ③李… Ⅲ. ①影像—档案工作—高等职业教育—教材 Ⅳ. ① G275.9

中国国家版本馆 CIP 数据核字（2023）第 014341 号

### 数字影像档案技术与实训

| 主　编 | 李　灿　李雪峰 | **副主编** | 李贵孚　石　莹　朱晓姝　魏　豪　山敏怡 |
| --- | --- | --- | --- |
| **责任编辑** | 杨　艳 | **助理编辑** 竺奕辰 | **责任校对** 徐逢乔　**封面设计** 渲彩轩 |

出版发行　同济大学出版社　www.tongjipress.com.cn
　　　　　（地址：上海市四平路 1239 号　邮编：200092　电话：021-65985622）
经　　销　全国各地新华书店
排　　版　南京文脉图文设计制作有限公司
印　　刷　苏州市古得堡数码印刷有限公司
开　　本　787 mm × 1092 mm　1/16
印　　张　12
字　　数　229 000
版　　次　2024 年 10 月第 1 版
印　　次　2024 年 10 月第 1 次印刷
书　　号　ISBN 978-7-5765-0671-6

定　　价　58.00 元

本书若有印装质量问题，请向本社发行部调换　　　版权所有　侵权必究

# 编委会

主　　编：李　灿　李雪峰
副 主 编：李贵孚　石　莹　朱晓姝
　　　　　魏　豪　山敏怡
编委会委员：孔玲君　吴彦杰　栾　玉
　　　　　张卫华　肖　澎　王　莹
支持单位：广东工贸职业技术学院
　　　　　广东技术师范大学

# PREFACE 前言

随着全球化发展和科技的快速进步，职业教育在推动经济社会高质量发展和培养专业技能人才中的作用愈发凸显。近年来，我国职业教育改革不断深化，一系列新政策的出台和新理念的提出为职业教育的创新发展提供了有力支持。与此同时，数字影像档案行业也迎来了前所未有的发展机遇，为职业教育的教材编写与人才培养注入了新的活力。

2022年，中共中央办公厅、国务院办公厅印发的《关于深化现代职业教育体系建设改革的意见》（简称《意见》）进一步推动了职业教育的发展。《意见》强调，要深入推进习近平新时代中国特色社会主义思想进教材、进课堂、进学生头脑，牢牢把握学校意识形态工作领导权，把思想政治工作贯穿学校教育管理全过程，大力培育和践行社会主义核心价值观，健全德技并修、工学结合的育人机制，努力培养德智体美劳全面发展的社会主义建设者和接班人。《意见》还强调，要深化职业教育供给侧结构性改革，坚持以人为本、能力为重、质量为要、守正创新，建立健全多形式衔接、多通道成长、可持续发展的梯度职业教育和培训体系。《意见》的出台，不仅为职业教育的人才培养提供了更加明确的目标，也为教材内容的优化与更新提供重要指导，还为职业教育的未来发展提供了更加清晰的方向和路径。同年，教育部等十部门联合印发的《全面推进"大思政课"建设的工作方案》（简称《方案》）鼓励改革创新主渠道教学、拓展课堂教学内容和创新课堂教学方法。《方案》旨在推动各类课程与思政课同向同行，教育引导学生坚定"四个自信"，成为堪当民族复兴重任的时代新人。《方案》对于提升学生的思想政治素质和职业素养具有重要意义。

我们积极响应国家关于深化产教融合、校企合作的号召，结合影像档案高新技术联合实验室的最新研究成果，在上海市高水平高职学校建设经费的支持下，精心编写了这本活页教材。

## 一、校企共筑活页式教材

本书围绕数字影像档案的项目流程、数字影像档案的前期技术、数字口述影像的制作、数字影像档案的中期管理、数字影像档案的数据化制作和数字影像档案的智能化应用六大学习情境，每个模块包含问题引导、知识链接、知识拓展、学习准备、学习计划、学习自测、考核与评价、总结与提高等环节。本书引导学生带着问题和任务学习，学生通过对知识的巩固、应用、反馈，完成从思考到学习再到创作的过程。本书采用活页式设计，这一设计不仅便于师生根据实际教学需求灵活组合教学内容，实现个性化教学，还体现了影像档案技术领域快速发展的特点，确保本书内容始终与行业发展同步。

活页教材的优势在于其灵活性与时效性，它能够让教师随时增补最新的技术动态、行业标准和实践案例，使教学更加贴近实际工作场景，提升学生的实践能力与创新能力。上海出版印刷高等专科学校数字影像档案技术专业携手行业内的龙头企业上海玉龙光碧文化投资有限公司共同组建教材编写团队，将企业的实际需求与学校的理论教学紧密结合。企业专家与学校教师共同研讨，确定教学内容与体系结构，确保教材内容既符合教育规律，又紧贴行业前沿。这种合作模式不仅提升了教材的实用性与针对性，还为学生提供了更多实践机会，促进学生职业能力的全面发展。

## 二、培养数字影像档案技术专业的人才

数字影像档案技术专业的培养目标聚焦于培养具备扎实的理论基础、熟练的实践技能和良好的职业素养的数字影像档案技术人才。通过系统学习本书，学生应能够掌握数字影像档案的采集、处理、存储、管理和利用的技术与方法，具备解决复杂数字影像档案问题的综合能力。同时，数字影像档案技术专业还注重培养学生的创新思维与持续学习能力，使其能够适应数字影像档案技术领域的快速发展，成为行业内的佼佼者。

在政治素养方面，本书强调培养学生的社会责任感与职业道德，使其理解数字影像档案工作的重要性和意义，并能够在工作中坚守原则，维护数字影像档案的真实性与完整性。在职业素养方面，本书着重提升学生的沟通协调能力、团队合作精神与服务意识，使其能够更好地融入职场，满足企业对高素质人才的需求。

## 三、满足职业岗位需求

本书内容主要针对数字影像档案管理机构、数字档案馆、文化传媒企业、

博物馆、图书馆、电视台媒体资产管理部门等的数字档案管理工作。通过深入分析相关岗位的工作内容与要求，我们确定了教材的核心内容与重点章节，确保学生所学知识与技能能够直接应用于实际工作中。

在编写过程中，本书编委会充分考虑了职业岗位的技能需求与行业标准，将典型工作情境作为教学载体，通过项目式教学方法，引导学生在完成具体任务的过程中学习知识与技能。这种教学方式不仅提高了学生的学习兴趣与积极性，还使其在实践中不断锻炼与提升职业能力，为将来的职业生涯奠定坚实基础。

### 四、融入现代学徒制

本书积极融入现代学徒制的理念与做法，强调以学生为中心，以能力培养为本。在现代学徒制模式下，学生不仅能够在学校接受系统的理论学习，还能够在企业导师的指导下参与实际项目，实现理论与实践的深度融合。

为实施现代学徒制，校企双方共同指导学生完成学习任务，实现知识与技能的双重提升。教材内容的选取对标数字影像档案行业标准及流程，充分把教学过程与生产过程统一，把课程实践与岗位技能统一，把教学环境与工作环境统一，把数字影像档案的远程协作与数字化资源统一，在校企"双导师"制下，实现职业教育的产教融合、科教融汇。这种以行业标准为导向的编写方式，不仅提高了教材的实用性与针对性，还使学生在学习过程中不断接近行业前沿，提升职业竞争力。

### 五、知识属性与能力属性双向流动

本书在结构上采用模块化、任务化形式，强调模块之间的灵活组合。当模块具有相关性、知识相互关联时，可以手动进行页面重组。

本书设置了笔记板块，其作用是让学生将学习的知识、讨论内容、头脑风暴的过程或者教师的指导记录下来，方便知识巩固和复盘。

本书强调知识属性与能力属性双向流动。在课堂进行过程中或课程结束后，可以将活页教材转变为工作手册，为岗位技能的实践提供理论基础和实践技术参考；也可以在各个模块中补充行业实习、实践经验等内容，更新知识内容，以便学习行业新技术、新模式和新业态。

本书的编写分工如下：李灿负责编写学习情境二模块一、二；李雪峰负责编写学习情境一、学习情境二模块四、学习情境四以及附录；李贵孚负责编写学习情境三模块二；石莹负责编写学习情境三模块一、三、四、五；朱晓姝负责编写学习情境五；魏豪负责编写学习情境二模块三、学习情境六；山敏怡负责编写学习情境二模块五。

  本书既可以作为数字影像档案技术、广播影视节目制作、影视编导等专业的新形态教材，也可以作为数字影像档案制作人员开展进阶学习时的工作手册。

编委会<br>
2024 年 10 月

# CONTENTS 目录

前言

## 学习情境一　　　　　　　　　　　　　　　　　　　　001
### 数字影像档案的项目流程

　　模块一　数字影像档案技术的发展　　　　　　　　　002
　　模块二　数字影像档案行业岗位要求　　　　　　　　008
　　模块三　数字影像档案项目前期了解　　　　　　　　012
　　模块四　数字影像档案项目前期沟通　　　　　　　　018

## 学习情境二　　　　　　　　　　　　　　　　　　　　027
### 数字影像档案的前期技术

　　模块一　数字影像档案会议图片的摄影　　　　　　　028
　　模块二　数字影像档案摄像设备的使用　　　　　　　034
　　模块三　数字影像档案的航拍操作技术　　　　　　　041
　　模块四　数字影像档案的延时摄影技术　　　　　　　048
　　模块五　数字影像设备的保养与维护　　　　　　　　064

## 学习情境三　　　　　　　　　　　　　　　　　　　　071
### 数字口述影像的制作

　　模块一　主题性人物采访　　　　　　　　　　　　　072
　　模块二　口述历史录音技巧　　　　　　　　　　　　078

| 模块三 | 数字口述影像的拍摄技巧 | 083 |
| 模块四 | 数字口述影像的布光技巧 | 088 |
| 模块五 | 数字口述影像的编辑技巧 | 093 |

## 学习情境四
### 数字影像档案的中期管理

099

| 模块一 | MAMS 系统简介与应用 | 100 |
| 模块二 | 数字影像档案管理流程 | 112 |
| 模块三 | 数字影像档案管理工作细则 | 123 |

## 学习情境五
### 数字影像档案的数据化制作

131

| 模块一 | 数据获取技术 | 132 |
| 模块二 | 数据清洗与分析技术 | 141 |
| 模块三 | 数据可视化制作技术 | 151 |

## 学习情境六
### 数字影像档案的智能化应用

163

| 模块一 | 无人机倾斜摄影技术应用 | 164 |
| 模块二 | 特种摄影技术应用 | 170 |

**附录　数字影像档案后期成果应用案例**　　177

# 数字影像档案的项目流程

模块一
- 数字影像档案技术的发展

模块二
- 数字影像档案行业岗位要求

模块三
- 数字影像档案项目前期了解

模块四
- 数字影像档案项目前期沟通

# 模块一
# 数字影像档案技术的发展

 问题引导

（1）如何理解史官秉持的"君举必书""秉笔直书""不掩其瑕"原则？

（2）影像档案记录者需具备哪些意识？

（3）未来影像档案记录的发展方向或具体做法是什么？

 知识链接

数字影像档案技术的发展

## 一、古代历史档案记录

"史官"一词，指被任命撰写一个国家、集团或机构的历史或系统地记载历史的人。最早关于史官的记录可追溯至夏商时期，《吕氏春秋·先识》记载，夏桀荒淫无道，太史令终古出其图法进行劝谏，无效，即弃而奔商。

春秋时期，史官按照分工与职责，细分为大史、小史、内史、外史、左史、右史等，"君举必书""秉笔直书""不掩其瑕"也成为史官记录的传统原则。

历史上著名的史官有：编撰《史记》的司马迁、编撰《汉书》的班固、编撰《三国志》的陈寿、编撰《后汉书》的范晔、编撰《资治通鉴》的司马光。

古代历史档案的记录载体包括甲骨、青铜器、石头、竹简、丝帛等。

古代历史档案记录只有"影"，没有"像"，只有文字记录，因而和近现代

历史档案记录相比略显单薄。

## 二、近代历史档案记录

随着工业革命的推进和科技的进步，照相技术逐步发展。近代历史档案记录的变革不仅仅体现了技术上的进步，更体现了档案的社会参与功能。通过照片、电影等新型载体，档案不仅能够更真实、生动地还原历史，还能够在社会教育、政策制定和文化传播中发挥重要作用，为后人提供更加丰富和多元的历史视角，也为档案学的发展开辟新的方向。

照相技术的普及使得照片成为重要的档案载体，照片能够直观地记录历史事件和人物。摄影和录音技术的发明进一步丰富了档案的形式，动态影像和声音记录为历史研究提供了更加全面的资料。这些新技术的应用，使得档案记录不仅限于文字，还能够通过视觉和听觉还原历史场景，极大地增强了档案的真实性和生动性。20世纪30年代美国纪录片《开垦平原的犁》由美国农业安全局（Farm Security Administration, FSA）资助拍摄。影片通过镜头记录了美国中西部农民在干旱和经济危机中的艰难生活。影片不仅展示了当时的美国社会现实，还通过影像的力量唤起了美国公众对农民困境的关注，推动了美国政府颁布救济政策。这一案例体现了影片作为档案载体的独特优势：它不仅能够记录历史，还能够通过动态影像和声音的结合，传递情感和思想，进而影响社会政策和公众意识。

到了近代，档案记录不再仅仅是政府或权威机构的专属工具，民间组织、个人也开始参与历史记录的过程。例如，日记、书信、民间摄影等私人档案逐渐成为研究近代社会的重要资料。档案的作用也从单纯的历史保存扩展到了社会教育、文化传承和政治宣传等多个领域。档案不仅为后人提供了研究历史的依据，还成为塑造集体记忆、传播意识形态的重要工具。

另外，近代历史档案记录的系统性和规范性逐渐增强。随着档案学的发展，档案管理逐渐形成了科学的理论体系和管理方法。档案的分类、整理、保存和利用都有了明确的标准和流程，确保档案的完整性和可用性。

总的来说，近代历史档案记录在载体和作用上的变革，反映了近代的科技进步和社会发展，丰富了历史研究的内容，也为后人提供了更加全面和真实的历史视角。

## 三、现代历史档案记录

迈入21世纪，科学技术高速发展，历史档案记录进入数码时代。数码相机、数码摄像机、数码录音机、手机、扫描仪等高科技记录载体的出现，让历史档案记录更加真实、完整。历史档案记录在发展过程中拥有更高的精度与广度。自此，现代历史档案记录由"影"升级为"像"（形象与动态）。

现代历史档案记录的发展趋势如下。

第一，各类影像设备逐渐商业化、民用化。日益上涨的居民人均可支配收入和相对未上涨的硬件价格，让使用影像设备的门槛变得越来越低；设备从笨重转向小巧便携，应用越来越方便；声音效果更清晰，画面效果更精致。

第二，网络发展使历史档案记录形式更为多元。2G时代用文字（短信）记录，每条记录限制在160个英文或数字字符，或者70个中文字符；3G时代用图片（彩信、博客）记录，文字中可穿插照片，图文并茂；4G时代用视频（微信、QQ）记录；5G时代用新媒体社交平台记录，如VLOG（视频博客）、直播。

第三，国家、社会、单位组织和个人对于用影像记录发展、成长的过程和结果有了新的理解和需求，对于记录成果的长期保存和有效管理产生了刚需。以个人为例，手机不再局限于联络功能，人们通过多种多样的拍摄方式记录生活，可以全方位展示自己，同时开展社交。每个人手机里的照片和视频已经成为了自己的隐私和秘密，这也大大提高了对于历史记录载体保密性与安全性的要求。

## 四、数字影像档案记录和管理

### （一）数字影像档案记录和管理的定义

学术定义：利用数据库技术，为数字影像档案搭建一个有序的信息空间和可供资源共享的信息环境，并依靠网络（WAN/LAN）远程检索和获取档案文件，对数字档案进行管理、存储。

实践定义：数字影像档案库有助于提炼工作方法、讲好项目故事。数字影像档案记录和管理工作就是使用高标准的影像记录方法记录年度重点工作以及主要项目的全过程，并且建立专项数据库，对其进行长期管理；再根据实际需要与应用口径，制作各种总结、汇报、宣传材料。

### （二）数字影像档案记录和管理的发展契机

近年来，越来越多的政府机构、企业组织重视记录自身的发展变化和对外的形象宣传与展示，在完成工作任务的同时，还要做好记录。因此，人们越来越强调过程的完整记录，影像的前后对比以及内容表达的真实性、多样性。

组织或个人自行执行影像记录时，往往缺乏专业拍摄知识，对素材存档缺乏专业、系统的管理。各个单位、组织和个人急需专业的第三方机构，进行"前期拍""中期管""后期用"全流程管理，做到省心、省力地解决问题。

## 一、摄影的诞生

1839 年,法国学者路易·达盖尔(Louis Daguerre)在研究摄影技术时,通过一系列实验的改进,解决了摄影中的显影问题及定影问题,至此发明了银版摄影法。

## 二、电影的诞生

1895 年,法国卢米埃尔(Lumière)兄弟用强灯光把拍摄的形象在银幕上连续地放映,使之看起来像是在活动,电影由此诞生。1911 年,意大利诗人和电影先驱者乔托·卡努杜(Ricciotto Canudo)发表了一篇名为《第七艺术宣言》的论著,他将电影称为"第七艺术"。从此,"第七艺术"就成为了电影艺术的同义词。经过 100 多年的发展,当代电影制作、发行和展览的整个过程实现了完全数字化。

## 三、录音机的诞生

19 世纪末,丹麦科学家包尔森(Poulsen)研制出了第一台磁性录音机。在此之前,美国发明家托马斯·阿尔瓦·爱迪生(Thomas Alva Edison)于 1877 年发明了留声机,实现了录音的可能,但录制成品音量过低,录制效果不佳。包尔森在爱迪生的基础之上,开始尝试用磁性储存声音,从而大大改进了录音效果。

学习前的认知准备可填入表 1-1-1。

表 1-1-1 学习前的认知准备

| 内容 | 细则 |
| --- | --- |
| 数字影像档案记录的意识 | |
| 影像档案记录的发展轨迹 | |

学习计划见表1-1-2。

表1-1-2 学习计划

| 流程 | 内容 | 问题及反馈 |
| --- | --- | --- |
| 理解知识点 | 了解古代、近代、现代历史档案记录的不同点 | |
| | 了解影像档案 | |

（1）对比古今历史档案记录的相同点与不同点。

（2）影像档案的核心要点是什么？

本课程是融合了现代学徒制及课程思政的理论实践一体化专业基础课程。职业素养、政治素养及技能素养的考核贯穿整个课程的过程性考核，具体考核项目及内容见表1-1-3。

表1-1-3 考核项目及内容

| 考核项目 | | 考核内容 | 分值 | 得分 | 备注 |
| --- | --- | --- | --- | --- | --- |
| 学习准备 | 时间管理 | 提前10分钟到岗/教室 | 10 | | |
| | 预习到位 | 提前观看学习通平台上的微课介绍 | 50 | | |
| | 资料准备 | 提前了解实训场地、实训内容，认真做好课程笔记 | 40 | | |
| 总分 | | | | | |

 **总结与提高**

学习过程中的问题与解决方法可填入表 1-1-4。

表 1-1-4  问题与解决方法

| 任务实施过程 | 存在的问题 | 解决方法 |
|---|---|---|
|  |  |  |
|  |  |  |
|  |  |  |
|  |  |  |
|  |  |  |
|  |  |  |

笔记

# 模块二
## 数字影像档案行业岗位要求

### 问题引导

（1）如何理解数字影像档案人才培养中的"讲政治、有觉悟、懂业务、精技术"？

（2）学习实践中如何提高政治判断力、政治领悟力和政治执行力？

### 知识链接

数字影像档案行业有巨大的新兴市场，上海可预期的数字影像档案业务数以亿计。因为数字影像档案行业刚兴起，且对从业人员的素质要求比较高，所以院校和社会中符合相关要求的人才较少。目前，一些成体系、有体量的影像档案业务一直在被压缩和低估，如建筑工程、城市更新、基层行政治理管理领域以及上市公司都可以开展大体量的模式化影像档案业务，但是由于数字影像档案行业的优秀人才储备不足，限制了业务消化能力。人才储备不足已经成为数字影像档案行业发展的瓶颈，培养人才、储备人才是行业发展的当务之急。

近年来，校企合作培养了一批批专业人才，经历了市场的考验，但与数字影像档案行业的发展需求相比还远远不够。随着数字影像档案行业标准的升级，对于人才的培养要求和选拔标准也更高了，需要更系统化地培养适应未来行业发展的人才，努力培养讲政治、有觉悟、懂业务、精技术的人才队伍。

## 一、讲政治是底线、红线

讲政治就要增强政治意识，善于把握政治大局；提高政治领悟力，关注国家大事，紧密结合实际工作，知道该干什么、不该干什么以及该怎么干；提高政治判断力，在重大原则问题上立场坚定、是非分明、敢于斗争；提高政治执行力，坚持底线思维、坚持问题导向，强化责任意识，勇于直面问题。

## 二、有觉悟是公德、私德和职业素养层面上的要求

要认可企业的文化、发展理念和价值理念。企业与人才的关系是相互的，一旦选择在企业工作，就要在工作期间认可企业的文化、发展理念和价值理念。

要遵守公司员工行为规范、保密制度，不违背员工手册、合同的规定；主动维护公司形象和公司利益，站在公司立场说话、做事；有大局意识、上进心、执行力，珍惜时代给予的机会，有数字影像档案从业者的责任感、使命感。

## 三、懂业务是项目内涵和项目执行层面上的要求

要熟悉数字影像档案各业务板块、服务流程、规范标准（接受系统培训）；熟悉项目基本情况，了解与项目相关的延伸知识和内涵（接受专题培训）；能根据服务内容制订工作计划和做好工作总结，能执行项目中所涉及的具体工作内容（理论联系实践）；能解决服务过程中出现的相关问题。

## 四、精技术是项目执行标准、规范技术层面上的要求

要熟练掌握地拍、航拍、延时拍摄、管理、交付等业务流程的执行细节；精通至少一种视频、音频、图片处理软件；能根据现场情况安排和协调机位、摄影、摄像、灯光、音响；熟练使用项目执行标准中常见的摄像机、照相机，并了解其硬件性能和技术指标；可以操纵无人机、全景摄像机、延时相机等常见影像设备。

**知识拓展**

数字影像档案项目编导的岗位职责和任职要求如下。

数字影像档案行业岗位要求

岗位职责：负责公司年度项目的沟通、执行和汇报；完成项目前期沟通，可以根据项目具体情况制订年度服务计划；项目执行过程中能指挥和协调团队完成年度任务；解决服务过程中出现的各种需求和问题；完成项目的服务报告和案例总结。

任职要求：具备良好的思想自觉、政治自觉、敬业精神和强烈的责任感；具备不断学习的能力，能快速接受新文化、新技术和新媒体的新理念；具有沟通交流能力、组织协作能力、团队管理能力、灵活的应变能力和敏锐的信息捕捉能力；具备创新精神和团队合作精神；具有较好的文案撰写能力和一定的审美能力。

## 学习准备

学习前的认知准备可填入表 1-2-1。

表 1-2-1　学习前的认知准备

| 内容 | 细则 |
| --- | --- |
| 岗位职责 |  |
| 任职要求 |  |

## 学习计划

学习计划见表 1-2-2。

表 1-2-2　学习计划

| 流程 | 内容 | 问题及反馈 |
| --- | --- | --- |
| 理解知识点 | 解读新政策 |  |
|  | 了解相关技术技能 |  |
|  | 了解团队/组织架构 |  |
|  | 知晓行业动态 |  |

## 学习自测

从"讲政治、有觉悟、懂业务、精技术"四个方面对近期新闻焦点事件或校园大型活动的数字影像档案工作进行分析论述。

**考核与评价**

本课程是融合了现代学徒制及课程思政的理论实践一体化专业基础课程。职业素养、政治素养及技能素养的考核贯穿整个课程的过程性考核，具体考核项目及内容见表 1-2-3。

表 1-2-3　考核项目及内容

| 考核项目 | | 考核内容 | 分值 | 得分 | 备注 |
| --- | --- | --- | --- | --- | --- |
| 岗位要求评估 | 讲政治 | 评估自己的政治意识 | 30 | | |
| | 有觉悟 | 理解职业素养、职业道德 | 30 | | |
| | 懂业务 | 通过学习知识提升业务能力 | 20 | | |
| | 精技术 | 找出学习中技术方面的短板和空缺 | 20 | | |
| 总分 | | | | | |

**总结与提高**

学习过程中的问题与解决方法可填入表 1-2-4。

表 1-2-4　问题与解决方法

| 任务实施过程 | 存在的问题 | 解决方法 |
| --- | --- | --- |
| | | |
| | | |
| | | |

# 模块三
## 数字影像档案项目前期了解

（1）对于数字影像档案项目需要了解哪些层面的情况？

（2）第一次与客户正式交流需要做哪些准备？

### 一、做好项目前期了解的必要性

在接到一个新项目时，首先要做的事就是全面地了解项目基本信息，包括项目的实施背景、甲方基本信息、项目的周期、项目的预期呈现效果等。提前了解项目概况是基本职业素养的体现，也是在与甲方正式接触沟通前的必要准备。在项目的执行过程中，也要及时获取项目的最新情况，了解项目的进度，随时根据实际情况，更改或继续保持现有的工作重心，保证项目的顺利开展。

### 二、获取数字影像档案项目情况的基本渠道

#### （一）前期（未立项前）

前期获取项目情况的渠道包括：甲方（实际甲方）的官网、微信公众号；新闻媒体（纸媒、电视新闻报道、网络新闻报道）和项目招标书。

## （二）中期及后期（立项后）

中期及后期获取项目情况的渠道包括：合同；甲方（实际甲方）提供的书面材料；执行过程中的各类会议、活动、文件；与甲方（实际甲方）进行的直接沟通；甲方（实际甲方）已有的影像档案（视频、照片）。

## 三、数字影像档案项目的具体层面

### （一）商务层面

#### 1. 项目名称

明确项目的官方全称、通用简称和内部简称，避免沟通时发生误会和错误。

#### 2. 项目周期

项目周期是项目执行的时间，一般标准影像档案项目周期为一年，部分项目的周期根据合同约定，为半年或十几个月，部分大型项目的周期为数年。了解项目周期有利于合理分配任务量、制订计划、开票收款、制作成片、完成总结报告等。

#### 3. 服务内容

服务内容包括数字影像档案库、标准地拍、标准航拍、延时记录、文史研究、成果应用等。

（1）数字影像档案库。数字影像档案库包含服务期限、建库容量、数字影像档案内容，库是整个数字影像档案库体系的核心，对库的重要意义和核心价值的阐述要正确。

（2）标准地拍/标准航拍。了解地拍、航拍的记录导向、记录要点、拍摄节奏；了解并遵守各种相关标准、规范；善于发现甲方工作中的拍摄需求，善于发现每次记录中的重点、难点、亮点，要能突出问题和方法。

（3）延时记录。延时记录本身是一个独立的系统工程，选址、设备、维护、后期都同等重要。要保证设备适应工程的环境，甚至适应拍摄条件恶劣的环境，保证超高清、稳定的画面；要有系统化的维护流程，保证在长达一年甚至数年的拍摄过程中画面视角一致、拍摄不间断；要有专业的后期处理，保证每一帧画面都经过精修，展示效果精彩。

（4）文史研究。文史研究是影像档案深层次的应用，即基于现有的影像和档案资料，结合各类历史档案、资料、图鉴、媒介等，以时间为脉络或者以研究主题为脉络，通过图文并茂的方式，将甲方的历史文脉梳理成文。不是所有甲方都有条件、有需求做文史研究，甲方需要有一些历史积累和文化沉淀，才能进行文史研究。因此，在商务流程中需要与甲方充分沟通是否要做文史研究。

（5）成果应用。成果应用的形式可以是成片交付，也可以是服务报告、影像档案库成果、智能化与可视化应用等。服务框架中可以有各类成片的制作标准、交付标准和价格，但仅作为参考。商务流程阶段不额外提及成片制作，甲方（实际操作实施方）如有相关需求，可单独立项。

#### 4.服务范围

服务范围主要指服务的地域范围，如合同中会标注"上海市辖区内"。前往市区偏远地区（如崇明北部、金山枫泾镇、临港地区等）时，交通时间会过长，交通成本也会过高，在制订方案、价格时可以有所体现，在实际执行时，预留时间要充足；上海市辖区以外的区域由甲方负责交通及食宿，或提供相应补贴。

### （二）业务层面

实际甲方：区别于合同中的甲方，即这个项目到底为谁负责。

项目对接人信息：姓名、联系方式、所属单位、职务或在本项目中所任职务。

甲方对项目工作的预期：用于存档、取证、宣传、汇报、评奖等。

甲方的基本信息：组织架构（包括甲方的上级主管单位和下级分支单位）、主要领导、业务范围、企业文化、年度计划等。

其他基本信息：工作量（包括地拍、航拍、延时拍摄工作量及存储空间等）、交付成果形式（包括影像数据、成片、报告、拍摄清单等）、付款条件、付款方式、违约条款，以及其他需注意的条款。

项目意义：如国家课题、领导关注项目、年度重要项目等。

### （三）内涵层面

项目内涵包括甲方在行业内的位置、国家及甲方所在地区政府发布的相关业务领域的宏观政策、相关新闻、项目要解决的问题、项目在行业内的影响力等。另外，在项目内涵层面还要了解甲方有没有相关数字影像案例。

可以通过中国政府采购网的购买服务信息平台来进一步了解大型的政企数字影像档案项目。中国政府购买信息服务平台的网址为 https://www.ccgp.gov.cn，如图1-3-1所示。

学习情境一　数字影像档案的项目流程

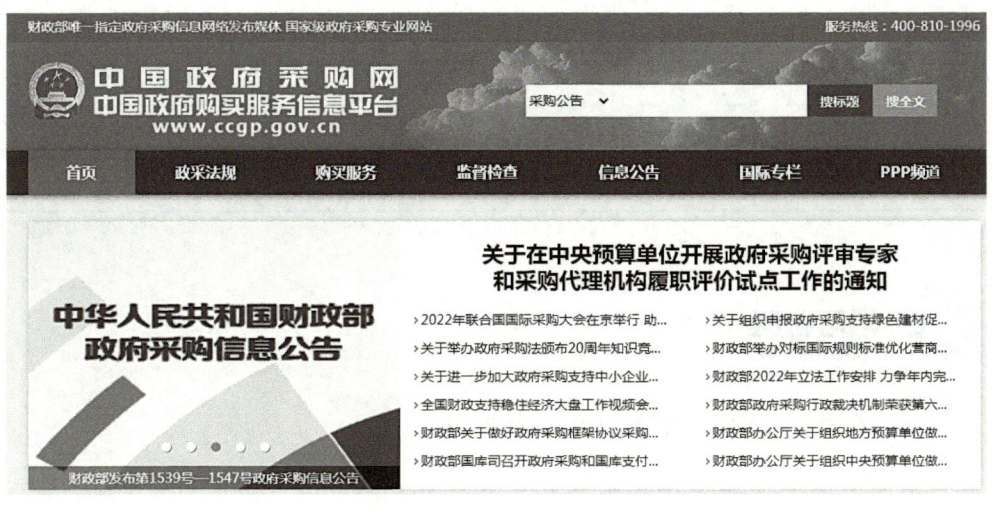

图 1-3-1　中国政府购买服务信息平台

个人影像档案项目制作过程可填入表 1-3-1。

表 1-3-1　个人影像档案项目制作过程

| 序号 | 内容 | 做法（工具、渠道） |
| --- | --- | --- |
|  |  |  |
|  |  |  |
|  |  |  |
|  |  |  |
|  |  |  |
|  |  |  |

学习计划见表 1-3-2。

015

表 1-3-2　学习计划

| 流程 | 内容 | 问题及反馈 |
| --- | --- | --- |
| 理解知识点 | 明确需要了解的数字影像档案项目内容 | |
| 实际操作 | 自行制订一个数字影像档案项目的了解计划 | |

学习自测

（1）在商务层面我们需要了解哪些方面？

（2）当甲方提出异地执行时需要做哪些准备？

考核与评价

本课程是融合了现代学徒制及课程思政的理论实践一体化专业基础课程。职业素养、政治素养及技能素养的考核贯穿整个课程的过程性考核，具体考核项目及内容见表 1-3-3。

表 1-3-3　考核项目及内容

| 考核项目 | 考核内容 | | 分值 | 得分 | 备注 |
| --- | --- | --- | --- | --- | --- |
| 个人影像档案实践项目 | 服务周期 | 制订周期计划 | 10 | | |
| | 服务内容 | 计划拍摄次数、类型、存储、管理 | 20 | | |
| | 数字影像档案库制作 | 制作关键词、建库、明确容量 | 20 | | |
| | 日常拍摄 | 了解项目要点、难点，安排特殊计划 | 20 | | |
| | 成果应用 | 制作 5~8 分钟的成果应用专题影像 | 30 | | |
| | 总分 | | | | |

总结与提高

学习过程中的问题与解决方法可填入表 1-3-4。

表 1-3-4　问题与解决方法

| 任务实施过程 | 存在的问题 | 解决方法 |
| --- | --- | --- |
|  |  |  |
|  |  |  |
|  |  |  |
|  |  |  |
|  |  |  |
|  |  |  |

# 模块四
## 数字影像档案项目前期沟通

### 问题引导

（1）"4W1H"要素具体包含哪5个要素？

（2）当发现与甲方意见相左时，执行原则是什么？

数字影像
档案项目
前期沟通

### 知识链接

进行项目前期沟通时，甲方会提供一个简单的口头或文字通告。如果需要更详细的通告信息，就需要开展深入沟通。根据项目的实际情况有针对性地沟通，每一个沟通点对应一个决策点，掌握好每个决策点，才能进行正确有效的沟通，从而顺利完成项目。数字影像档案项目前期沟通中的"4W1H"指5个要素。

### 一、时间（when）

#### （一）时间紧急，需应急处理

当项目开始时间与当下时间间隔过短（30分钟～1小时）时，需要立即安排好人员和车辆，联系相关人员进行援助。因此，平时就要有应对突发情况的准备，且所有相关人员都需对设备情况高度熟悉，具有优秀的临场应变能力。

## （二）时间久远，需做提醒

若甲方预约了远期项目，如一周甚至一个月后的项目，就需要做好备注和提醒，防止因时间太久而忘记。在项目开始前保持沟通，一旦有变化，就可以随时改变计划和方案。

## （三）明确时间是否有冲突

当多个项目同时进行时，要注意不同项目的时间是否有冲突，如果提前知道时间有冲突，就要安排其他人员进行对接；如果有临时时间冲突，就要评估项目的重要程度和难易度，作出取舍。

## （四）明确时间是否为周末、节假日

通告日期为周末或节假日时，要提前做好交通和后勤保障的准备。部分重大节假日有交通管制，如果涉及，就要提前做好交通保障。

## （五）明确是否处于交通高峰时期

在做交通准备时，要注意出发时间是否处于交通高峰时期，在交通高峰时期所花的出行时间要远长于非交通高峰时期的出行时间。以上海为例，外地车牌车辆在交通高峰期受到限制。要做好准备，提前了解所在城市的车辆限行政策，安排好合理的行车路线和时间。

## （六）明确是否处于重大活动交通管制时期

除了重大节假日，部分重要活动举办时也会有临时交通管制，如中国国际进口博览会、中国花卉博览会期间都有不同区域和时间段的交通管制措施。因此，要提前与甲方沟通好是否涉及交通管制区域和时间，明确是否有通行证等，做好交通保障方案。

## （七）明确是否需要提前1天到达

当项目执行地点特别远（远郊地区）或者执行地点在外地，而项目开始时间较早时，需要评估路程和出行时间。如果甲方有要求或自行评估需要提前1天到项目执行地，要提前做好出行差旅安排。

# 二、地点（where）

## （一）明确项目执行地是在本地还是异地

在签署合同时会注明约定的服务地范围，一旦项目执行服务地范围更改，

笔记

所有产生的差旅费用应由甲方承担。若需要在项目执行地过夜或长期停留，应做好出差准备，提前报备。

### （二）明确地址

一个明确的地址应该是一条路上的一个具体门牌或者两条路的交叉点，应该在现有知名地图软件中有精确定位。对于无法精准地描述和定位的地址，如未通路的建筑工地、旧改基地等，需要提前勘查，明确地点位置。

### （三）明确项目执行地是否有通行限制

政府、部分企业对于办公地或相关地的出入有一定的通行限制，如项目执行地有通行限制，应与甲方沟通是否需要车辆通行证、停车证等通行文件。如果需要，应及时了解办理流程，并在第一时间进行相关证件的办理，避免产生通行限制。

### （四）明确项目执行地是否需要身份证明

进入项目执行地时如需提供身份证明或登记人员情况，要提前确认好个人信息、团队所有人员信息以及是否需要身份证原件等，做好全面统筹工作，一切以项目执行地的规定为准。

### （五）明确是否需要提前勘场

在项目地址不明确、场地陌生复杂、场地过大或过小、活动流程复杂、甲方高度重视等情况下，应该提前勘场，明确场地的情况，并根据实际情况与甲方及时沟通，提供口头方案或书面方案。

### （六）明确场地的灯光、音响、通道、机位

勘场的主要内容包括场地的位置、环境，应根据采光情况安排灯光，根据音响情况安排收音方案，根据通道情况安排机位和动线。对于重大活动或公开活动，应与甲方确认到场媒体人数及甲方在此活动中的级别，合理安排机位，避免产生不必要的机位冲突。如果有不明确的内容，应及时与甲方沟通解决。

## 三、人物（who）

### （一）选择执行人员

明确出席项目活动的最高级别领导，甲方出席领导的职位决定项目执行人员的选择，领导的级别越高，对项目执行人员的经验、技术、应变能力的要求

越高。在出行前需反复与甲方确认出席名单，直至拿到最终定稿。

### （二）确认项目活动现场参与人数

活动人数决定了项目的实际执行方案，如500人以上的活动，需要与甲方沟通多机位方案；又如20人以下的活动，设备和人员过多会对现场活动造成干扰，则需要与甲方沟通单机位或固定机位执行方案。

### （三）了解项目活动出席领导

要先了解出席项目活动的领导，提前通过对接人或其他渠道了解领导资料。到现场后应再次确认座次和席卡，与现场对接人确认，并与摄影、摄像人员做好信息同步和人员指认工作，保证不遗漏一人，进行全方位记录。

### （四）明确甲方在项目活动中的作用

当甲方是项目活动的主办方时，甲方的领导就是项目活动的主角。当甲方仅作为协办方或参与方参加项目活动时，甲方领导不是活动的焦点，这种情况下要特别注意记录的倾向性，记录内容要能体现甲方在活动中的作用或参与的内容，不要疏于记录甲方的内容。

### （五）明确对接人和各环节协调人

明确每次活动的对接人和各环节协调人，明确负责场地、灯光、音响等的联系人的联系方式，保证联络渠道畅通。

## 四、事件（what）

### （一）提前熟悉活动流程，对每个流程有画面感

在活动开始前熟悉活动流程，对每个流程涉及的人员、形式、内容、时间及重要性有清晰的了解，对流程有画面感，并制订相应的拍摄计划和方案。

### （二）做好特殊仪式的机位设置预案

若活动流程中有特殊启动仪式、签约仪式环节，需要了解仪式的时间和启动方式，提前移动机位，占据最佳机位，在保证仪式记录的完整性的同时要有精彩的特写镜头。

### （三）明确活动有无分会场，是否有转场

有些活动有分会场，分会场要有单独的执行团队和相应的执行方案。如果

笔记

活动中有转场，要做好转场方案；如果转场时间无法保证，要准备好下一场额外的人员和设备，保证无缝衔接。

### （四）明确有无大型合影（50人以上）

活动中甲方如要求拍摄合影，要明确合影人数、场地和用途，超过50人的合影或者需要冲印出来的合影，都作为"大型合影"，被列为专项服务。

### （五）明确有无航拍需求，是否具备条件

活动中甲方如果有航拍需求，需要明确航拍地点，提前查询限高、限飞情况，做好报备流程和手续。如果有禁飞区域（机场周围禁飞地区）或禁飞时段（重大活动保障期间），也应明确地回复甲方，并给出其他解决方案。

## 五、怎么拍（how）

### （一）制订拍摄方案和计划

根据了解到的综合情况，制订对应的拍摄方案和计划，并及时与甲方沟通，应沟通拍摄人员、设备、现场记录方案等内容。对于简单的和标准的拍摄项目，可以和甲方口头沟通，确认拍摄方案和计划。

### （二）为复杂或重要的拍摄（至少3个机位）项目提供书面拍摄方案

如项目内容复杂或重要，需要有至少3个机位（至少2台航拍设备），执行方案复杂，最好提供书面拍摄方案，向甲方汇报并开展讨论，同时多机位的方案也是将来计费和收费的依据。

### （三）积极沟通后确定拍摄方案

无论是开展标准拍摄、简单拍摄还是多机位的复杂拍摄，都应积极与甲方沟通方案，把方案的合理性和预期效果等都告知甲方，对可能出现的困难也提前提出来，双方积极沟通解决。

### （四）提供专业建议，尊重甲方意见

执行人在执行过程中提供专业的建议和预期的结果，并对可能出现的问题作出提示，但最终选择权在甲方手中，必须尊重甲方意见，以甲方意见为准。

 **知识拓展**

用于前期沟通的会议通知模板见表1-4-1。

表1-4-1 会议通知模板

| 会议议题 | 主题名称 |
|---|---|
| 会议时间 | ××××年××月××日（星期×）××：×× |
| 会议地点 | ×路×号×会议室 |
| 出席范围 | 各相关列席单位、领导姓名 |
| 会议内容 | 具体会议议程 |
| 备　　注 | 出行建议、着装建议、其他要求等 |

联系人：（单位及部门名称、姓名、电话）

落款：（主办单位公章）
日期：（通知发布时间）

 **学习准备**

数字影像档案项目前期沟通清单可填入表1-4-2。

表1-4-2 数字影像档案项目前期沟通清单

| 序号 | 沟通内容（4W1H） |
|---|---|
|  |  |
|  |  |
|  |  |
|  |  |
|  |  |
|  |  |
|  |  |

（续表）

| 序号 | 沟通内容（4W1H） |
|---|---|
|  |  |
|  |  |
|  |  |

## 学习计划

学习计划见表1-4-3。

表1-4-3　学习计划

| 流程 | 内容 | 问题及反馈 |
|---|---|---|
| 理解知识点 | 完整了解"4W1H"要素 |  |
| 实际操作 | 制订一份数字影像档案项目的前期沟通清单 |  |

## 学习自测

（1）"4W1H"要素分别是哪5个要素，代表着什么？

（2）项目参与人数为60人时，需要做哪些前期准备？

## 考核与评价

本课程是融合了现代学徒制及课程思政的理论实践一体化专业基础课程。职业素养、政治素养及技能素养的考核贯穿整个课程的过程性考核，具体考核项目及内容见表1-4-4。

表 1-4-4　考核项目及内容

| 考核项目 | 考核内容 | | 分值 | 得分 | 备注 |
|---|---|---|---|---|---|
| 数字影像档案项目前期沟通 | 时间管理 | 提前 10 分钟到岗/教室 | 10 | | |
| | 设备到位 | 提前填写设备出借单并调试好相关设备，确保无缺失 | 20 | | |
| | 前期准备 | 填写数字影像档案项目前期沟通清单 | 50 | | |
| | 服从纪律 | 服从分组安排，清扫维护场地 | 10 | | |
| | 安全生产 | 穿着得当，不在项目实践时抽烟 | 10 | | |
| | 总分 | | | | |

## 总结与提高

学习过程中的问题与解决方法可填入表 1-4-5。

表 1-4-5　问题与解决方法

| 任务实施过程 | 存在的问题 | 解决方法 |
|---|---|---|
| | | |
| | | |
| | | |
| | | |
| | | |
| | | |

## 情境学习反思

# 学习情境二

# 数字影像档案的前期技术

模块一
- 数字影像档案会议图片的摄影

模块二
- 数字影像档案摄像设备的使用

模块三
- 数字影像档案的航拍操作技术

模块四
- 数字影像档案的延时摄影技术

模块五
- 数字影像设备的保养与维护

# 模块一
## 数字影像档案会议图片的摄影

 笔记

 工作任务卡

本模块的工作任务卡见表 2-1-1。

表 2-1-1 工作任务卡

| 任务编号 | 1 | | 任务名称 | 决策性会议图片的摄影 |
|---|---|---|---|---|
| 设备型号 | 佳能 EOS 5D Mark Ⅳ | | 课时安排 | 2 课时 |
| 课程思政点拨 | 1. 培养服务中细致严谨的职业素养；<br>2. 遇到困难时，要有持之以恒的工匠精神；<br>3. 强调职业操守 | | | |
| 任务准备 | 1. 技术资料：工作任务卡、《中国档案服务业企业蓝皮书（2020）》；<br>2. 场地：摄影实训室或企业实训室；<br>3. 2~3 人一组，每组分配 1 台相机 | | | |
| 类别 | 名称 | 参数 | 单位 | 数量（每组） |
| 工具设备 | 相机 | 佳能 EOS 5D Mark Ⅳ | 台 | 1 |
| | 镜头 | 24-105 mm | 个 | 1 |
| | | 70-200 mm | 个 | 1 |
| | 曼富图三脚架 | 碳纤维，液压 | 个 | 1 |
| | 闪光灯 | 神牛 | 个 | 2 |
| | 稳定器 | RS2 | 台 | 1 |
| 工具指标 | 相机 | 1 000 万~2 000 万像素或 2 000 万像素以上，全画幅 | | |
| | 图片分辨率 | 2 100（5 616×3 714） | | |
| | | 1 100（4 080×2 720） | | |

（1）拍摄决策性会议前为什么要准备两个机位？

（2）在参会人身后有 LED（light-emitting diode，发光二极管）大屏幕时应该注意什么？

（3）为什么要了解会议中出席者的座位安排？

数字影像档案会议图片的摄影

## 一、决策性会议拍摄前的准备

### （一）提前了解会议情况

要了解会议的主题、时间、地址、规模、时长、议程、席位安排方式、出席领导等，提前拿到客户确认的议程和主持稿，依据实际情况制订拍摄计划和方案。

### （二）提前看场地

了解场地位置、停车方式、周边交通、场地规模、设备、通道、电力供给、现场光线、现场音响等，与相关联系人保持联络。

## 二、决策性会议拍摄要点

（1）拍摄以主席台为正面的大全景和包括主席台上领导的小全景。

（2）拍摄会场四个角的全景以及主要领导讲话时的中景、近景、特写镜头。注意角度，不要穿帮。

（3）拍摄台上领导特写的要求：领导讲话时、不讲话时都要拍摄特写，涉及多个领导时要按领导座次顺序拍摄，注意方向；以主席台中间的领导为准，从不同角度拍摄左右两侧领导；注意单人镜头拍摄角度，通过正面和侧面来区分领导的职位高低；景别要统一为近景，注意保持画面干净。

（4）拍摄台下列席领导特写的要求：可以给第一排领导单人镜头，景别要略小于主席台领导，注意领导形象及背景。

## 三、会议座位安排原则

### （一）根据人数安排

（1）领导人数为奇数时，主要领导居中，坐在1号位，2号位领导在1号位领导左侧位置，3号位领导在1号位领导右侧位置。可参照如图2-1-1所示的座次依次进行拍摄。

（2）领导人数为偶数时，1、2号位领导同时居中，2号位领导依然在1号位领导左侧位置，3号位领导依然在1号位领导右侧位置。可参照如图2-1-2所示的座次依次进行拍摄。

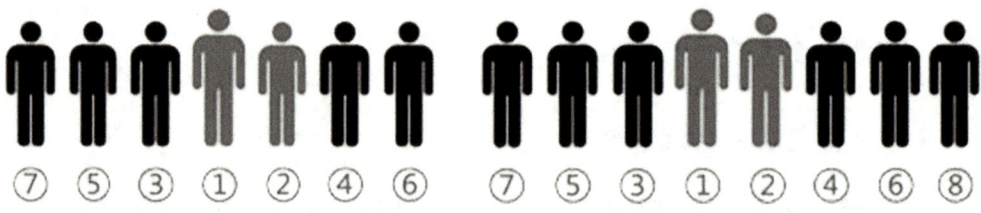

图2-1-1　领导人数为奇数时的座次　　　　图2-1-2　领导人数为偶数时的座次

### （二）根据会议类型安排

决策性会议的座位安排根据会议类型可分为两种方式。

#### 1. 方桌会议

在方桌会议中，特别要注意座次的安排。如果只有一位领导，那么他一般坐在长方形会议桌的短边一侧；或以会议室的门为基准，坐在内侧的主宾位置。如果有主宾双方参与会议，一般分别在会议桌两侧就座，主人坐在会议桌的右侧，客人坐在会议桌的左侧。

#### 2. 圆桌会议

为了避免安排主次座位，也可利用圆形桌，即圆桌会议。在圆桌会议中，不用过于拘泥于礼节，可围着桌子就座。尽管如此，还需要注意以会议室的门为基准，靠里的位置为主要领导的座位。

 **知识拓展**

当发言者在 LED 大屏幕前时,拍摄画面会出现背景太亮、人物面部太暗的问题,有时在人物边缘会形成一圈线条或者摩尔纹。因此,在拍摄时要充分利用好闪光灯,切记相机 ISO 值(感光度)不要太高,否则容易导致屏幕曝光过度。相机测光时可以选择评价测光模式(将画面划分为多个区域,每个区域进行独立测光,依此计算出整个画面的测光平均值)来均衡感光度。

**学习准备**

数字影像档案会议拍摄任务卡见表 2-1-2。

表 2-1-2　数字影像档案会议拍摄任务卡

| 序号 | 类别 | 名称 | 型号 | 数量 | 备注 |
| --- | --- | --- | --- | --- | --- |
|  |  |  |  |  |  |
|  |  |  |  |  |  |
|  |  |  |  |  |  |
|  |  |  |  |  |  |
|  |  |  |  |  |  |
|  |  |  |  |  |  |
|  |  |  |  |  |  |
|  |  |  |  |  |  |
|  |  |  |  |  |  |
|  |  |  |  |  |  |
|  |  |  |  |  |  |

 **学习计划**

学习计划见表 2-1-3。

笔记

表 2-1-3　学习计划

| 流程 | 内容 | 问题及反馈 |
| --- | --- | --- |
| 准备摄影设备 | 填写设备单，提前借取相关设备 | |
| 阅读会议资料 | 了解会场（实训场地）、与会人员、会议流程 | |
| 会议预拍摄 | 提前到达场地，进行设备调试及预拍摄 | |
| 正式拍摄 | 根据拍摄要点进行拍摄 | |

## 学习自测

（1）提前了解会议情况，包括_____、_____、_____、_____、_____、_____、席位安排方式、出席领导等，提前拿到客户确认的议程和主持稿，依据实际情况制订拍摄计划和方案。

（2）决策性会议拍摄的要点有哪些？（列出关键词）

## 考核与评价

本课程是融合了现代学徒制及课程思政的理论实践一体化专业基础课程。职业素养、政治素养及技能素养的考核贯穿整个课程的过程性考核，具体考核项目及内容见表 2-1-4。

表 2-1-4　考核项目及内容

| 考核项目 | | 考核内容 | 分值 | 得分 | 备注 |
| --- | --- | --- | --- | --- | --- |
| 拍摄准备 | 时间管理 | 提前 10 分钟到岗/教室 | 5 | | |
| | 设备准备 | 提前填写设备出借单并调试好相关设备，确保无缺失 | 5 | | |
| | 资料准备 | 提前了解实训场地、实训内容，制订拍摄计划 | 5 | | |
| | 服从纪律 | 服从分组安排，清扫维护场地 | 3 | | |
| | 安全生产 | 穿着得当，不在场地内吸烟 | 2 | | |

（续表）

| 考核项目 | | 考核内容 | 分值 | 得分 | 备注 |
|---|---|---|---|---|---|
| 学习过程 | 表格填写 | 正确填写数字影像档案会议拍摄任务卡 | 5 | | |
| | 任务描述 | 准确表达拍摄要点 | 5 | | |
| | 硬件调试 | 准确安装三脚架、外置闪光灯，并在不同光线条件下调整相机参数 | 10 | | |
| | 任务实施 | 1. 小组分工明确；<br>2. 机位安排得当；<br>3. 清楚复述座位信息；<br>4. 景别拍摄无遗漏；<br>5. 对关键活动流程的拍摄无遗漏；<br>6. 素材归档及时 | 24 | | |
| | 设备描述 | 准确说出设备名称及数量 | 2 | | |
| | 明确拍摄内容 | 1. 场地全景的拍摄准确；<br>2. 按照发言顺序及座次拍摄主要人物，素材全面；<br>3. 拍摄的关键会议流程素材丰富；<br>4. 图片焦点、曝光、构图得当 | 24 | | |
| 学习总结 | 素材管理 | 及时填写自测报告，正确归档素材 | 5 | | |
| | 问题思考 | 提出问题，找到解决问题的方向 | 5 | | |
| 总分 | | | | | |

学习过程中的问题与解决方法可填入表2-1-5。

表2-1-5　问题与解决方法

| 任务实施过程 | 存在的问题 | 解决方法 |
|---|---|---|
| | | |
| | | |
| | | |

# 模块二
## 数字影像档案摄像设备的使用

📝 笔记

 工作任务卡

本模块的工作任务卡见表 2-2-1。

表 2-2-1　工作任务卡

| 任务编号 | 2 | 任务名称 | 摄像设备的使用 | |
|---|---|---|---|---|
| 设备型号 | 索尼高清摄录一体机 | 课时安排 | 2 课时 | |
| 课程思政点拨 | 1. 要用思辨的方式将认知融入摄像；<br>2. 在实践活动中掌握拍摄技巧，将理论与实践相结合；<br>3. 遇到困难时，要有持之以恒的工匠精神 | | | |
| 任务准备 | 1. 技术资料：工作任务卡、《中国档案服务业企业蓝皮书（2020）》；<br>2. 场地：实景棚或企业实训室；<br>3. 4～5 人一组，每组分配 2 台摄像机 | | | |
| 类别 | 名称 | 参数 | 单位 | 数量（每组） |
| 工具设备 | 索尼高清摄录一体机（图 2-2-1） | HXR-NX3 | 台 | 2 |
| | 镜头 | 24-105 mm | 个 | 1 |
| | 曼富图三脚架 | 碳纤维，液压 | 个 | 1 |
| | 储存卡 | SD 卡 | 张 | 1 |
| | 电池 | 970/770 型号 | 块 | 2 |
| 工具指标 | 视频格式 | PAL 格式，帧率：50/25 Hz | | |
| | | NTSC 格式，帧率：60/30/24 Hz | | |
| | 录音格式 | Linear PCM（线性脉冲编码调制） | | |
| | | Dolby Digital（杜比数字技术） | | |

图 2-2-1　索尼高清摄录一体机（型号：HXR-NX3）

（1）拍摄会议活动时为什么要准备两台摄像机？如何布置机位及安排分工？

（2）用摄像机拍摄活动前应该检查什么？

## 一、高清摄像机的相关参数

### （一）画面像素

像素是数字图像处理中最基本的概念之一，它是指图像中最小的可见单位。每个像素都有一个特定的颜色值和位置信息，可以组合成整个图像。

### （二）分辨率

分辨率是指纵横方向上的像素点数，单位是 px。

### （三）视频比特率

视频比特率是指每秒传送的比特（bit）数，单位为 bps（bit per second）。比特率越高，每秒传送数据量就越大，画质就越清晰。

### （四）帧速率

帧速率指的是视频每秒显示的帧数，帧速率会影响视频的流畅度和清晰度。

笔记

帧速率简称为 FPS（frames per second），单位为帧/秒。每秒钟帧数越多，所显示的动作就会越流畅。

## 二、常见高清摄像机拍摄的画面质量

常见高清摄像机拍摄的画面质量见表 2-2-2。

表 2-2-2　常见高清摄像机拍摄的画面质量

| 画面质量 | 比特率 | 图像尺寸<br>（像素） | NTSC 格式<br>（像素/帧率） | PAL 格式<br>（像素/帧率） |
| --- | --- | --- | --- | --- |
| PS | 最大 28Mbps | 1 920×1 080 | 1 080p/60FPS | 1 080p/50FPS |
| FX | 最大 24Mbps | 1 920×1 080<br>1 280×720 | 1 080i/60FPS<br>1 080p/30FPS<br>720p/60FPS<br>1 080p/24FPS | 1 080i/50FPS<br>720i/50FPS<br>1 080p/25FPS |
| FH | 约 17Mbps | 1 920×1 080<br>1 280×720 | 1 080i/60FPS<br>1 080p/30FPS<br>720p/60FPS<br>1 080p/24FPS | 1 080i/50FPS<br>720p/50FPS<br>1 080p/25FPS |
| HQ | 约 9Mbps | 1 440×1 080<br>1 280×720 | 1 080i/60FPS<br>1 080p/30FPS | 1 080i/50FPS<br>720p/50FPS |
| LP | 约 5Mbps | 1 440×1 080 | 1 080i/60FPS | |

## 三、拍摄前的硬件准备

拍摄前的硬件准备即了解硬件设备的情况。

摄像机：检查镜头是否虚焦、电池电量是否充足，进行实录回放测试。

照相机：检查镜头是否齐全、电池电量是否充足，进行实拍回看测试。

三脚架：检查收放是否自如、云台的旋转是否顺滑、卡扣是否匹配。

读卡器：检查接口是否匹配、接触是否良好、读写是否正常。

录音笔：检查电池电量是否充足、五条对接线是否齐全。

电脑：检查电池电量是否充足、编辑软件是否齐全。

灯光：明确是否需要机顶灯、闪光灯，电池电量是否充足。

对讲机：检查数量是否充足、耳麦是否正常、电量是否充足。

其他设备：无人机、摇臂、轨道、稳定器、无线麦克风等。

## 四、拍摄前的其他准备

### （一）机位

在现场根据拍摄计划提前安置机位，如无书面拍摄计划，可按照编导要求，根据场地布局、座位安排、活动规模科学合理地安排机位。开场前检查每个机位的实拍效果，如效果和预期有差别，应及时调整方案，并主动与客户沟通。

### （二）灯光

开场前，协调现场灯光控制，按照活动正式场景开启灯光。应统一设置摄像机和照相机的白平衡。如现场光线的变化复杂，应按照偏暖不偏冷的原则设置白平衡；如场地场景有变化，需提前调整白平衡并使全场设备的白平衡统一。

### （三）收音

协调现场音控室（台），尽量将卡侬接口直接接到摄像机定机位；若距离较远、走线不方便，可从音控室（台）接到录音设备，供后期使用；若现场没有音控室（台）或没条件直接收声，可用机头麦克风收音，并用录音笔同步录音，保证声音的完整性。开场前应提前调试各类设备的收音电平，防止出现电平过低或过高的情况。

### （四）存储

以实际活动时间的 1.5 倍为参考时长准备存储卡和电池，如果活动时间过长，需要更换存储卡和电池，编导要协调好各机位的时间，不在同一时间换存储卡和电池。活动结束后，要当场把拍摄文件存进电脑或硬盘，避免出现文件孤本；第一时间检查素材的质量，回到工作单位后按照规范完成项目登记和入库。

> **知识拓展**

不同的拍摄设备与不同品牌、型号的存储卡适配。常见的存储卡包括：CF 卡、XQD 卡、SD 卡、SxS 卡、Micro SD 卡（TF 卡）等多种类型（图 2-2-2）。

CF卡　　　　XQD卡　　　　SD卡　　　　SxS卡　　Micro SD卡（TF卡）

图 2-2-2　常见的存储卡

其中，Micro SD 卡比 SD 卡的体积更为小巧，仅为 15 mm×11 mm×1 mm，较 SD 卡的体积减小了许多。它可以配合专用转接卡使用，完全兼容标准 SD 卡插槽，也更适用于移动通信设备，主要应用在无人机、手机、掌上电脑等信息终端设备上。

在实际项目实训中，除了要考虑存储卡的内存大小是否满足拍摄需求，还要优先选择传输和下载速度较快的存储卡。例如，图 2-2-2 所示的 XQD 卡上"R：440MB/s"指的就是读取（read）速度，"W：400MB/s"指的就是写入（write）速度。

## 学习准备

数字影像档案项目摄录准备可填入表 2-2-3。

表 2-2-3　数字影像档案项目摄录准备表

| 序号 | 内容 |
| --- | --- |
| 1 | 摄像机： |
| 2 | 对讲机： |
| 3 | 三脚架： |
| 4 | 读卡器： |
| 5 | 录音笔： |
| 6 | 电脑： |
| 7 | 灯光： |
| 8 | 其他设备： |

## 学习计划

学习计划见表 2-2-4。

表 2-2-4 学习计划

| 流程 | 内容 | 问题及反馈 |
| --- | --- | --- |
| 准备摄像设备 | 填写设备单,提前借取相关设备 | |
| 调试摄像设备 | 了解实训场地情况,进行机位设计 | |
| 拍摄实训 | 提前到达实训场地,进行设备调试及预拍摄 | |

## 学习自测

(1) 名词解释。
　　像　素:_____
　　分辨率:_____
　　帧速率:_____

(2) 根据实训要求,阐述机位设置的情况以及依据。
_____
_____

## 考核与评价

本课程是融合了现代学徒制及课程思政的理论实践一体化专业基础课程。职业素养、政治素养及技能素养的考核贯穿整个课程的过程性考核,具体考核项目及内容见表 2-2-5。

表 2-2-5 考核项目及内容

| 考核项目 | | 考核内容 | 分值 | 得分 | 备注 |
| --- | --- | --- | --- | --- | --- |
| 拍摄准备 | 时间管理 | 提前 10 分钟到岗/教室 | 5 | | |
| | 设备准备 | 提前填写设备出借单并调试好相关设备,确保无缺失 | 5 | | |

（续表）

| 考核项目 | | 考核内容 | 分值 | 得分 | 备注 |
| --- | --- | --- | --- | --- | --- |
| 拍摄准备 | 资料准备 | 提前了解实训场地、实训内容，制订拍摄计划 | 5 | | |
| | 服从纪律 | 服从分组安排，清扫维护场地 | 3 | | |
| | 安全生产 | 穿着得当，不在场地内吸烟 | 2 | | |
| 学习过程 | 表格填写 | 正确填写数字影像档案项目摄录准备表 | 5 | | |
| | 任务描述 | 准确表达拍摄要点 | 5 | | |
| | 硬件调试 | 准确安装三脚架，调整摄像机参数 | 10 | | |
| | 任务实施 | 1. 小组分工明确；<br>2. 机位安排得当；<br>3. 清楚复述座位信息；<br>4. 景别拍摄无遗漏；<br>5. 录音清晰；<br>6. 素材归档及时 | 24 | | |
| | 设备描述 | 准确说出设备名称及数量 | 2 | | |
| | 明确拍摄内容 | 1. 场地的全景拍摄准确；<br>2. 拍摄主要人物活动画面，素材全面；<br>3. 拍摄的关键会议流程素材丰富；<br>4. 素材焦点、曝光、构图得当 | 24 | | |
| 学习总结 | 素材管理 | 及时填写自测报告，正确归档素材 | 5 | | |
| | 问题思考 | 提出问题，找到解决问题的方向 | 5 | | |
| 总分 | | | | | |

## 总结与提高

学习过程中的问题与解决方法可填入表 2-2-6。

表 2-2-6　问题与解决方法

| 任务实施过程 | 存在的问题 | 解决方法 |
| --- | --- | --- |
| | | |
| | | |
| | | |

# 模块三
## 数字影像档案的航拍操作技术

**工作任务卡**

本模块的工作任务卡见表 2-3-1。

表 2-3-1 工作任务卡

| 任务编号 | 3 | | 任务名称 | 工程建设中的航拍 | |
|---|---|---|---|---|---|
| 设备型号 | 大疆（DJI）Mavic 3 | | 课时安排 | 2 课时 | |
| 课程思政点拨 | 1. 培养细致严谨的职业素养；<br>2. 通过具体任务认识到职业责任，明白职业操守对于影像服务质量的影响；<br>3. 在航拍操作中，认识到安全飞行的重要性，并严格遵守飞行规则，确保人员和设备的安全；<br>4. 提升创新能力与审美能力 | | | | |
| 任务准备 | 1. 技术资料：工作任务卡、《中国档案服务业企业蓝皮书（2020）》；<br>2. 场地：学校操场；<br>3. 2～3 人一组，每组分配 1 台无人机 | | | | |
| 类别 | 名称 | 参数 | | 单位 | 数量（每组） |
| 工具设备 | 大疆无人机（图 2-3-1） | DJI Mavic 3 | | 台 | 1 |
| | 遥控器 | DJI RC Pro | | 个 | 1 |
| | 电池 | Mavic 3 飞行电池 | | 个 | 3 |
| | 螺旋桨 | Mavic 3 降噪螺旋桨 | | 对 | 2 |
| | 存储卡 | Micro SD 卡 | | 张 | 1 |

图 2-3-1 DJI Mavic3 无人机

笔记

（1）工程类航拍为什么要采用"九点标定法"？

（2）进行航拍的最佳时段是什么时候？

（3）为什么航拍任务需要详细的前期规划？

## 一、航拍的起源

航拍，又称空中摄影或航空摄影，是指从空中拍摄地球地貌，获得俯视图。航拍的摄像机可以由摄影师控制，也可以由远程电子操控或自动拍摄。

航空摄影起源于19世纪50年代。世界上最早的航拍照片是1858年12月法国摄影师纳达尔（Nadar）拍摄的巴黎市的鸟瞰照片，是从热气球上拍摄的照片。1909年，美国的莱特（W. Wright）第一次在飞机上拍摄地面照片。

## 二、航拍的方式

航拍具有很多实现方式，多旋翼无人机、固定翼飞机、直升机、热气球、小型火箭、风筝、降落伞等都可以成为航拍的平台。

## 三、无人机航拍的应用

无人机航拍的应用范围包括影视拍摄、城市宣传片拍摄、赛事直播、测绘作业、工程监测、野外搜救、新闻报道、警察执法等。

## 四、航拍的前期规划

航拍的前期规划步骤如下：了解航拍区域、准备器材、观察环境、选择起飞点、规划航线、起草拍摄脚本。

## 五、工程建设中的航拍要求

工程建设中的航拍总体要求为全面记录，航拍任务包括全景航拍、延时航拍、项目区域范围及阶段的对比、主要建设节点的记录和大场面公开活动现场航拍。

（1）在项目工程初期明确四至范围，根据"九点标定法"明确拍摄位置、高度、角度（图2-3-2），然后进行照片采集，记录各阶段工程的全景，可用于项目阶段性成果的对比。

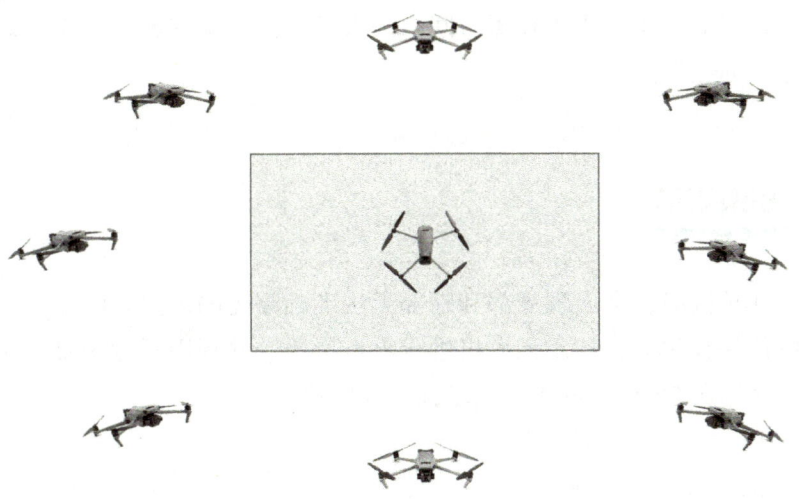

图2-3-2　九点标定位置示意图

（2）针对项目工程主要建设节点进行航拍，以视频形式记录。采用东西双向飞行（图2-3-3）、南北双向飞行（图2-3-4）和环绕飞行（图2-3-5）的方式对项目的主要建设节点进行视频拍摄，视频可用作在项目后期进行宏观展示的材料。

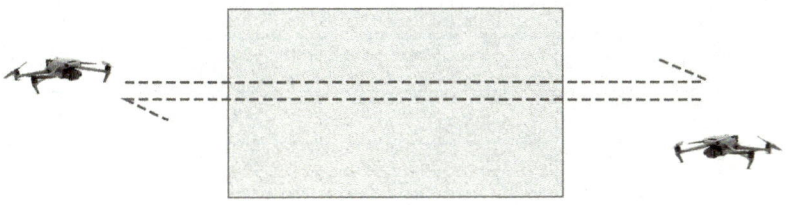

图2-3-3　东西双向飞行示意图

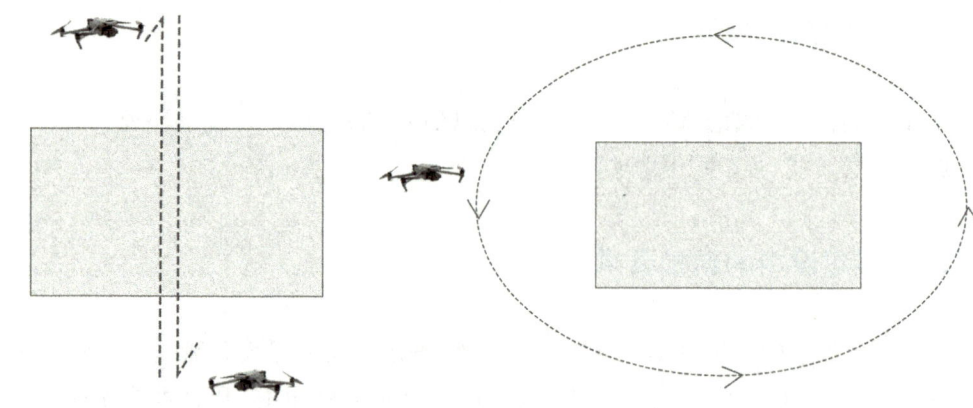

图 2-3-4　南北双向飞行示意图　　　图 2-3-5　环绕飞行示意图

（3）在航拍中，对各施工环节（桩基施工、场地平整、浇筑水泥）、"四新"技术、大型设备入场、大型公开活动现场进行中近景航拍记录。

（4）延时航拍主要用于较短时间内的大型拼接施工的影像记录，如拍摄桥梁吊装施工的过程。

 知识拓展

在夜间拍摄时，会出现亮部和暗部无法准确曝光的现象。因此，在夜间拍摄时可以使用长曝光，利用无人机进行定点拍摄，并利用延时拍摄功能采集多张照片，最后在 Photoshop 中使用堆栈合成照片。

 学习准备

航拍操作准备可填入表 2-3-2。

表 2-3-2　航拍操作规范卡

| 序号 | 类别 | 名称 | 型号 | 数量 | 备注 |
| --- | --- | --- | --- | --- | --- |
|  |  |  |  |  |  |
|  |  |  |  |  |  |
|  |  |  |  |  |  |
|  |  |  |  |  |  |

（续表）

| 序号 | 类别 | 名称 | 型号 | 数量 | 备注 |
|---|---|---|---|---|---|
|  |  |  |  |  |  |
|  |  |  |  |  |  |
|  |  |  |  |  |  |

学习计划见表2-3-3。

表2-3-3 学习计划

| 流程 | 内容 | 问题及反馈 |
|---|---|---|
| 准备航拍设备 | 填写设备单，提前借取相关设备 |  |
| 阅读工程资料 | 了解工程位置、周边环境 |  |
| 工程预拍摄 | 提前到达场地，进行设备调试及预拍摄 |  |
| 正式拍摄 | 根据拍摄计划和拍摄要点进行拍摄 |  |

（1）航拍的前期规划步骤包括_____、_____、_____、_____、_____、起草拍摄脚本。

（2）工程建设中的航拍要求有哪些？（列出关键词）

考核与评价

本课程是融合了现代学徒制及课程思政的理论实践一体化专业基础课程。职业素养、政治素养及技能素养的考核贯穿整个课程的过程性考核，具体考核项目及内容见表2-3-4。

笔记

表 2-3-4　考核项目及内容

| 考核项目 | | 考核内容 | 分值 | 得分 | 备注 |
| --- | --- | --- | --- | --- | --- |
| 拍摄准备 | 时间管理 | 提前10分钟到岗/教室 | 5 | | |
| | 设备准备 | 提前填写设备出借单并调试好相关设备，确保无缺失 | 5 | | |
| | 资料准备 | 提前了解实训场地、实训内容，制订拍摄计划 | 5 | | |
| | 服从纪律 | 服从分组安排，清扫维护场地 | 3 | | |
| | 安全生产 | 穿着得当，不在场地内吸烟 | 2 | | |
| 学习过程 | 表格填写 | 正确填写航拍操作规范卡 | 5 | | |
| | 项目描述 | 准确表达拍摄要点，明确拍摄需求 | 5 | | |
| | 硬件调试 | 准确安装螺旋桨、插装电池、启动飞机，并在不同场景下进行安全飞行 | 10 | | |
| | 任务实施 | 1. 小组分工明确；<br>2. 机位安排得当；<br>3. 清楚复述无人机飞行准则；<br>4. 拍摄要求明确；<br>5. 对关键工程节点的拍摄无遗漏；<br>6. 素材归档及时 | 24 | | |
| | 设备描述 | 准确说出设备名称及数量 | 2 | | |
| | 明确拍摄内容 | 1. 场地的全景拍摄准确；<br>2. 航拍素材丰富；<br>3. 航拍的曝光、构图得当 | 24 | | |
| 学习总结 | 素材管理 | 及时填写自测报告，正确归档素材 | 5 | | |
| | 问题思考 | 提出问题，找到解决问题的方向 | 5 | | |
| | | 总分 | | | |

 总结与提高

学习过程中的问题与解决方法可填入表 2-3-5。

表 2-3-5 问题与解决方法

| 任务实施过程 | 存在的问题 | 解决方法 |
|---|---|---|
|  |  |  |
|  |  |  |
|  |  |  |
|  |  |  |
|  |  |  |
|  |  |  |

📖 笔记

# 模块四
## 数字影像档案的延时摄影技术

### 工作任务卡

本模块的工作任务卡见表 2-4-1。

表 2-4-1 工作任务卡

| 任务编号 | 4 | 任务名称 | 延时摄影 |
|---|---|---|---|
| 设备型号 | 大疆（DJI）Mavic 3、延时控制箱 | 课时安排 | 4 课时 |
| 课程思政点拨 | 1. 通过具体任务深刻认识到职业责任，时刻牢记职业操守对影像服务质量的关键影响；<br>2. 严格遵守行业规范和操作流程，特别是在高风险作业中，确保飞行安全，保障人员和设备免受损害；<br>3. 在使用延时控制箱时，认识到拍摄安全的重要性，并严格遵守使用规定，确保人员和设备的安全；<br>4. 在面对复杂问题和挑战时，能够冷静、理性地分析，作出正确的判断和决策 | | |
| 任务准备 | 1. 技术资料：工作任务卡、《中国档案服务业企业蓝皮书（2020）》；<br>2. 场地：学校操场、宿舍、教室；<br>3. 2～4 人一组，分配设备 | | |

| 类别 | 名称 | 参数 | 单位 | 数量（每组） |
|---|---|---|---|---|
| 工具设备 | 大疆无人机 | DJI Mavic 3 | 台 | 1 |
| | 延时拍摄相机 | 有延时控制箱 | 台 | 1 |
| | 电池组 1 | Mavic 3 飞行电池 | 组 | 3 |
| | 电池组 2 | 适配相机 | 组 | 3 |
| | 存储卡 | Micro SD 卡 | 张 | 2 |
| | 延时设备固定器 | 适配 | 套 | 1 |

## 问题引导

（1）延时摄影适合记录生活、学习中哪些场景？

（2）一天以内的短时间延时摄影和一年以上的延时摄影有什么区别？

（3）工程延时摄影中哪些环节容易出问题，有什么解决方案？

## 知识链接

延时影像记录，是一种将时间压缩的影像记录手段。延时摄影即拍摄一组照片或视频，后期通过合成照片或加速视频，把几小时、几天、几个月甚至几年的影像压缩成时长较短的连续视频，场景缓慢变化的过程被压缩，展现出用正常拍摄视角和模式无法达到的视觉呈现效果。

延时摄影是和高速摄影相反的一个过程，通常被应用于拍摄建筑建造过程、城市风光、自然风景、天文现象、城市生活、植物生长等题材。

### 一、常见的延时摄影方式

延时摄影按照拍摄工具、记录时长、拍摄方式、机位动态等可分为以下四种方式。

#### （一）定点自动延时摄影

定点自动延时摄影就是用单镜头反光数码照相机（单反相机）、微型单反相机、GoPro（运动相机）、大疆 Action、手机等设备，设定等时间间隔拍摄照片，并通过后期整合成延时影像（有些设备可以自动合成影像）。这种方式适合要求高、周期短（一周以内）、环境适宜的延时拍摄项目，如室内搭建（短周期为几个小时，长周期为两三天）、工程重要节点（一天以内）、全场活动（几个小时）的延时拍摄；可以采用电池供电、充电宝供电，也可以通过连接交流电供电，但因为这些设备本身不是为长时间连续工作而设计的，所以这种方式在电力供应、存储容量、稳定性等方面都有明显的缺陷，而且人力成本和设备成本较高。

### （二）大范围移动延时摄影

大范围移动延时摄影就是以设定等间隔时间、等距离移动、中心点相对固定的方式拍摄照片，人工控制拍摄。可以延时拍摄长距离、曲线的移动点位，可以合成模拟长轨道或弯曲轨道的效果（图2-4-1）。

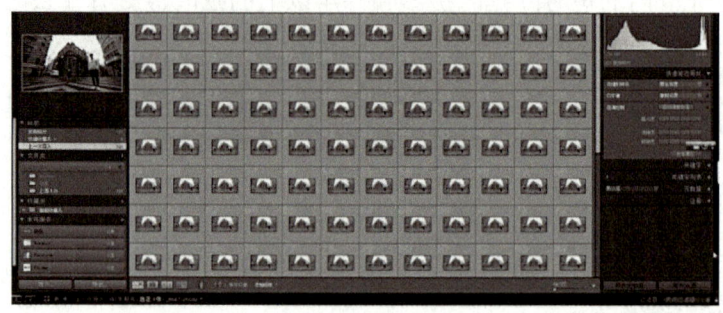

图2-4-1　大范围移动延时摄影缩略图

### （三）无人机延时摄影

有些型号的无人机具备延时拍摄功能，可以设置定点或移动轨迹完成延时拍摄，后期视觉效果震撼。但由于飞行时间有限制，无人机延时摄影不适合长期拍摄（图2-4-2）。

图2-4-2　无人机延时摄影

### （四）工程影像延时摄影

以上三种方式仅适合短时间内的记录。工程建设项目的工期少则半年，长则一年甚至数年。这种时间跨度下，传统的延时摄影方式无法完成记录。专业的工程延时记录设备可以解决传统延时拍摄设备无法进行长时间记录的问题（图2-4-3）。

数字影像的延时摄影技术

图 2-4-3 工程摄像延时摄影

## 二、延时摄影的相关参数

在执行一个延时摄影项目前，需要了解项目周期、每天拍摄的时段、拍摄间隔时间、每张照片的大小和后期视频合成帧率（25 FPS、30 FPS、50 FPS），根据这些可以计算出：

每日素材数量——每天可以拍摄照片的数量；

素材容量——根据素材数量判断维护周期内存储卡的容量大小；

素材时长——每天、每月、每个汇报周期的素材时间长度；

维护频率——根据电池电量和存储卡容量决定维护频率。

具体计算公式：

$$\frac{(开始时间-结束时间)小时 \times 60 分钟/小时 \times 1 分钟/帧}{帧/秒} = 实际时间（秒）$$

**实践案例**

某工程项目的建设周期为 1 年，需要全过程延时摄影记录。计划从早上 5 点拍到晚上 8 点，1 分钟拍一张照片，即每小时拍 60 张，每张照片平均大小为 2MB，后期合成帧率为 25 帧/秒。由以上信息可得：

每天照片数量：（20−5）小时 × 60 张/小时 = 900 张

每天的素材量：900 张 × 2MB/张 = 1 800MB（约 1.8GB）

每天素材时长：900 张 ÷ 25 帧/秒 = 36 秒

每 20 天维护一次，所需存储卡容量：1.8GB × 20 天 = 36GB（大于 32GB，至少需要 64GB 的存储卡）

每年素材总时长：36 秒/60 × 300 天 = 180 分钟（每年按 300 天计算）

$$\frac{(20-5)小时 \times 60 分钟/小时 \times 1 分钟/帧}{25 帧/秒} = 36 秒$$

**案例解析**

拍摄时段为早上 5 点到晚上 8 点，可以覆盖上海市一年四季的日出和日落，如果有夜间施工项目，拍摄时段应该设置得更长，在工程特殊时期可以设置 24 小时拍摄。

每分钟拍摄 1 张照片，可以在短时间内给客户提供一段视频小样。在实际执行中按 10 分钟、30 分钟或 1 小时一张照片的频次，即可满足年度工程延时摄影记录的需求。

维护频率与电池电量、存储卡容量、拍摄频率有关，电池的性能还和天气有关，温度超高（35 摄氏度以上）、超低（-10 摄氏度以下）都会影响电池的电量和续航时间。应提前作出时间评估，并根据实际的维护情况动态地调整维护频率。

存储卡容量是根据拍摄的频率和维护频率选择的，应选择兼容性好、速度匹配、容量匹配的存储卡。要注意各类 SD 卡、TF 卡都是有读写寿命的，要根据实际情况定期更新存储卡。

每年总素材量是一个理论值，同时也是一个影像素材的保底值。延时摄影的实际应用中有很多种处理素材的方法和展示手段，可根据不同的应用需求和场景选择不同的处理方法。

### 三、延时摄影点位选址的原则

延时摄影点位的选择非常重要，科学合理的选址是保证一个项目持续下去的首要条件。点位选址涉及光线、维护条件、安全等因素，同时是否合理地选择点位也决定了延时摄影能否完整地覆盖全过程的摄影。

（1）延时摄影的设备镜头位于项目主体建筑的南侧，能增加拍摄有效时间，提升画面质量，还能防止全天候阳光直射（图 2-4-4）。

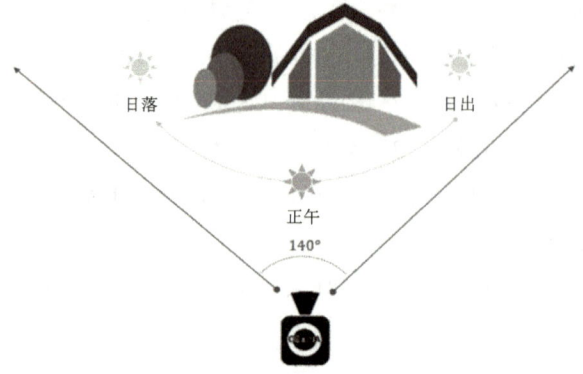

图 2-4-4 设备位于项目主体建筑的南侧

（2）选择的点位要方便维护设备，保证一定频率的设备维护。

（3）点位不受工程进度影响，可覆盖时间长，能尽可能地让延时摄影设备记录下完整过程。

（4）点位相对避风、避雨，坚固稳定，尽量减少天气对点位的影响。

（5）延时拍摄单一主体时，设备的高度一般以主体建筑最终高度的 1/2 左右为宜，中间没有遮挡物（图 2-4-5）。

图 2-4-5　设备的高度位于主体建筑最终高度的 1/2 左右

（6）延时拍摄大面积地块时，选址镜头的覆盖范围要预留 20% 的余量，方便后期剪辑。

## 四、延时摄影点位选址的方法

按照项目要求和实际标的物的位置，通过电子地图（可以是区域图和卫星图）进行相对位置分析。应明确的信息如下。

（1）标的物的轮廓及数值。轮廓可以是四至范围，或者是非标准几何图形的轮廓范围，如三角形、多边形、圆形、椭圆形、异形等的轮廓范围。数值可通过客户提供的数据、图纸标注数据、地图测量数据获得，不需要很精确，误差在 10% 内都有实际价值。

（2）周边适合点位与标的物的距离。可以是点位到边界的距离，也可以是点位到几何中心的距离。

（3）根据以上数据和选址的原则，选择理想点位，制订合理的备选点位方案。

## 五、实地勘查

根据地图到现场勘查。可以联系标的物所在区域的物业或管理单位进行实地勘查，注意事项有以下三点。

（1）选定的点位应该方便操作，太高的点位会给后期维护带来较高风险和成本，不要选择重点敏感建筑物点位或者会给实际安装带来明显困难的点位。

（2）点位与标的物中间无遮挡，选择最为适合的位置。

（3）如果备选点位较多，可在条件允许的情况下用无人机飞到相近的位置，从相同的角度试拍一组画面作为依据，从而进行效果的评估。

## 六、选址场地的落实

根据最佳的视觉效果和最合适的执行方案，选择合适的场地并联系场地所有方。可根据实际情况自行联系或由客户协助联系场地所有方，并根据场地所有方的要求，提供安全性技术交底、安装方案、租赁协议或其他相关工作函，明确场地的使用关系。

场地费用的支付形式一般有三种。

（1）免费使用：一般可免费使用自有场地或者公对公使用第三方场地。

（2）由客户支付费用：协议中未明确场租费用或实际支付的费用远高于预期费用时由客户支付费用。

（3）由拍摄方支付费用：若签订规范的书面协议，可由拍摄方按时或一次性支付费用。

无论采用哪种支付方式，最终都要有明确的书面文件来明确使用或租赁关系，可以是授权书、介绍信（图2-4-6）、合同等形式。

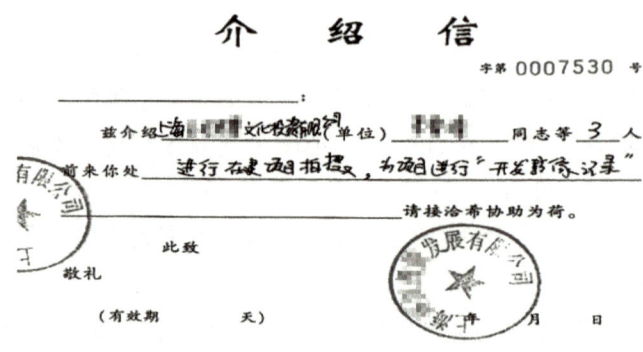

图2-4-6　为拍摄方开具的介绍信

## 七、延时摄影设备安装方案

延时摄影设备大多安装在高空，要有多重安全保障。安装附件时要做到锁定闭环，安装延时摄影设备时要加装安全钢丝绳，防止意外坠落，钢丝绳的长度以下端不触碰到其他玻璃面或不到有安全隐患的高度为底线。

安装方案分为以下三种。

（1）破坏性安装：打洞、打孔，加装水泥混凝土或金属附着物。

（2）非破坏性安装：有夹持件和云台。

（3）有额外保险加固的安装：防止设备从高空坠落。

常见的安装位置有：①安装在窗口；②安装在金属杆上（图2-4-7）；③安装在墙壁上（图2-4-8）；④安装在电线杆上（图2-4-9）；⑤安装在小型金属固件上。

图2-4-7　安装在金属杆上

图2-4-8　安装在墙壁上

图2-4-9　安装在电线杆上

## 八、延时摄影设备的日常维护

在长达数月甚至几年的项目中，每一次认真负责的设备维护都是重要的环节。

根据延时摄影设备的安装位置和拍摄频率、电力和存储的能力评估维护周期，一般每10～30天需要进行一次维护，维护内容主要包括：

（1）素材文件的导出与备份；

（2）延时摄影设备性能检查；

（3）存储卡性能检查；

（4）系统防水性能检查；

（5）电池检查和更换；

（6）设备安装稳固性的检查；

（7）镜头角度检查、镜头清洁。

## 九、延时拍摄素材的挑选与处理方法

（1）素材入库。将素材统一命名后放入原始素材的文件夹，根据设备已运作的时长，将所需素材存放至挑选素材的文件夹。

当设备运作时间为一周内，排除因雨水、雾气、顶光遮挡镜头而不能用的素材，挑选其他可用素材。

当设备运作超过一周，根据项目持续时长，按每天 1 张照片、每天 3 张照片、每天 5 张及以上照片的频率挑选素材。

素材挑选标准：拍摄时间处于每天的同一时间段（需注意夏、冬季的日出、日落时间）；拍摄主体无阴影遮挡；排除阴天、多云、雨天下的素材及雾气、顶光遮挡镜头的素材。

（2）在 Photoshop 内对挑中的素材进行统一后期处理，包括但不限于统一色温、色调、曝光、对比度、饱和度等。图片批处理前与批处理后的对比如图 2-4-10 和图 2-4-11 所示。后期处理完成后，将处理完的素材保存至文件夹内。

图 2-4-10　图片批处理前

图 2-4-11　图片批处理后

（3）使用重命名软件 Cygwin64 Terminal 或 FreeRename 对处理完的素材进行重命名，形成可被剪辑软件识别的图像序列。批量命名前的素材与批量命名后的素材如图 2-4-12 和图 2-4-13 所示。

| 名称 | 修改日期 | 类型 | 大小 |
| --- | --- | --- | --- |
| 20210507_00129.jpg | 2022/6/29 9:25 | JPG 图片文件 | 10,162 KB |
| 20210507_00131.jpg | 2022/6/29 9:25 | JPG 图片文件 | 10,268 KB |
| 20210507_00133.jpg | 2022/6/29 9:25 | JPG 图片文件 | 10,205 KB |
| 20210509_00441.jpg | 2022/6/29 9:25 | JPG 图片文件 | 10,054 KB |
| 20210509_00443.jpg | 2022/6/29 9:25 | JPG 图片文件 | 10,071 KB |
| 20210509_00445.jpg | 2022/6/29 9:25 | JPG 图片文件 | 10,066 KB |
| 20210510_00597.jpg | 2022/6/29 9:25 | JPG 图片文件 | 9,836 KB |
| 20210510_00599.jpg | 2022/6/29 9:25 | JPG 图片文件 | 9,807 KB |
| 20210510_00601.jpg | 2022/6/29 9:25 | JPG 图片文件 | 9,826 KB |
| 20210515_01377.jpg | 2022/6/29 9:25 | JPG 图片文件 | 10,531 KB |
| 20210515_01379.jpg | 2022/6/29 9:25 | JPG 图片文件 | 10,224 KB |
| 20210515_01381.jpg | 2022/6/29 9:25 | JPG 图片文件 | 11,069 KB |
| 20210517_01689.jpg | 2022/6/29 9:25 | JPG 图片文件 | 10,900 KB |
| 20210517_01691.jpg | 2022/6/29 9:25 | JPG 图片文件 | 10,771 KB |
| 20210517_01693.jpg | 2022/6/29 9:25 | JPG 图片文件 | 10,804 KB |
| 20210521_02313.jpg | 2022/6/29 9:25 | JPG 图片文件 | 10,603 KB |
| 20210521_02315.jpg | 2022/6/29 9:25 | JPG 图片文件 | 10,547 KB |
| 20210521_02317.jpg | 2022/6/29 9:25 | JPG 图片文件 | 10,581 KB |
| 20210522_02469.jpg | 2022/6/29 9:25 | JPG 图片文件 | 10,916 KB |
| 20210522_02471.jpg | 2022/6/29 9:25 | JPG 图片文件 | 10,941 KB |
| 20210522_02473.jpg | 2022/6/29 9:25 | JPG 图片文件 | 10,942 KB |
| 20210524_02781.jpg | 2022/6/29 9:25 | JPG 图片文件 | 10,749 KB |
| 20210524_02783.jpg | 2022/6/29 9:25 | JPG 图片文件 | 10,777 KB |

图 2-4-12　批量命名前的素材

| 名称 | 修改日期 | 类型 | 大小 |
| --- | --- | --- | --- |
| 20220721-14140-000000.jpg | 2022/6/29 9:25 | JPG 图片文件 | 10,162 KB |
| 20220721-14140-000001.jpg | 2022/6/29 9:25 | JPG 图片文件 | 10,268 KB |
| 20220721-14140-000002.jpg | 2022/6/29 9:25 | JPG 图片文件 | 10,205 KB |
| 20220721-14140-000003.jpg | 2022/6/29 9:25 | JPG 图片文件 | 10,054 KB |
| 20220721-14140-000004.jpg | 2022/6/29 9:25 | JPG 图片文件 | 10,071 KB |
| 20220721-14140-000005.jpg | 2022/6/29 9:25 | JPG 图片文件 | 10,066 KB |
| 20220721-14140-000006.jpg | 2022/6/29 9:25 | JPG 图片文件 | 9,836 KB |
| 20220721-14140-000007.jpg | 2022/6/29 9:25 | JPG 图片文件 | 9,807 KB |
| 20220721-14140-000008.jpg | 2022/6/29 9:25 | JPG 图片文件 | 9,826 KB |
| 20220721-14140-000009.jpg | 2022/6/29 9:25 | JPG 图片文件 | 10,531 KB |
| 20220721-14140-000010.jpg | 2022/6/29 9:25 | JPG 图片文件 | 10,224 KB |
| 20220721-14140-000011.jpg | 2022/6/29 9:25 | JPG 图片文件 | 11,069 KB |
| 20220721-14140-000012.jpg | 2022/6/29 9:25 | JPG 图片文件 | 10,900 KB |
| 20220721-14140-000013.jpg | 2022/6/29 9:25 | JPG 图片文件 | 10,771 KB |
| 20220721-14140-000014.jpg | 2022/6/29 9:25 | JPG 图片文件 | 10,804 KB |
| 20220721-14140-000015.jpg | 2022/6/29 9:25 | JPG 图片文件 | 10,603 KB |
| 20220721-14140-000016.jpg | 2022/6/29 9:25 | JPG 图片文件 | 10,547 KB |
| 20220721-14140-000017.jpg | 2022/6/29 9:25 | JPG 图片文件 | 10,581 KB |
| 20220721-14140-000018.jpg | 2022/6/29 9:25 | JPG 图片文件 | 10,916 KB |
| 20220721-14140-000019.jpg | 2022/6/29 9:25 | JPG 图片文件 | 10,941 KB |
| 20220721-14140-000020.jpg | 2022/6/29 9:25 | JPG 图片文件 | 10,942 KB |
| 20220721-14140-000021.jpg | 2022/6/29 9:25 | JPG 图片文件 | 10,749 KB |
| 20220721-14140-000022.jpg | 2022/6/29 9:25 | JPG 图片文件 | 10,777 KB |

图 2-4-13　批量命名后的素材

笔记

　　Cygwin64 Terminal 的优点在于不会覆盖原始素材，从原始素材的命名可知道素材拍摄于何年何月何日，但要将重命名后的素材与原始素材进行区分。

　　FreeRename 的优点在于无须将重命名后的素材与原始素材进行区分，但会覆盖原始素材。

　　（4）使用剪辑软件 Adobe Premiere Pro（Pr）或者 DaVinci（达芬奇）Resolve 导入素材图像序列，进行剪辑处理。根据素材和客户的要求，进行帧级精细化处理，包括但不限于统一水平、透视，对齐拍摄主体，添加关键帧，变速等细节操作。

　　（5）导出成片至延时拍摄成果文件夹，命名为：项目名-延时拍摄记录（拍摄起始时间—拍摄结束时间）。

知识拓展

　　延时摄影的安全注意事项包括三个方面。

## 一、人身安全

图 2-4-14　延时摄影设备的安装、调试与维护

　　（1）所有负责操作延时摄影设备的工作人员均应经过设备使用培训和技术安全培训，熟悉设备的技术指标、电器性能，并学习相关安全操作规范。

　　（2）在户外登高（坠落高度基准面高于 2 米）完成设备安装、调试、维护须由持高处作业证的人员完成，无证人员不得上手操作。

　　（3）延时摄影设备的安装、调试、维护需要 2 人或 2 人以上在场执行，不得 1 人独自操作（图 2-4-14）。

　　（4）安装、调试和维护工作应避开极端天气，如雷电、大风、雨雪等，以保证人身安全。在极端天气过后，要在保证安全的前提下，第一时间检查、维护设备，保证设备正常运行。

　　（5）每次作业都要根据作业环境要求配置相应的反光背心、安全帽、安全绳、防护手套等安全设施，工作人员要严格按照规范佩戴和使用安全设施。

## 二、设备安全

（1）对所有用于延时拍摄的设备提前做好安全检查，检查内容包括：设备性能、防水性能、附件的牢固度、电池电量、存储卡容量和读写性能等。

（2）在安装、调试、维护设备的过程中，背包或设备箱的提手要稳固，不能有破损；各种设备、附件、耗材的放置要有序，方便取用，完成作业后注意检查工作范围，不得遗漏物品。

（3）对于高空作业时使用的设备，要有多重安全保障，安装附件时要做到锁定闭环，要给设备加装安全钢丝绳，防止意外坠落；钢丝绳的长度要留有余量，以下端不触及其他玻璃面或有安全隐患的高度为底线。

## 三、管理安全

（1）在设备的安装、调试及后续每次维护或维修时，都要做好书面的维护记录，登记日期、地点、操作人员、维护内容等，并对操作人员和作业现场拍照留档。

（2）如操作过程中有设备损坏、设备丢失的情况，要做好设备损耗登记，及时替换设备。

（3）如因设备丢失、设备故障、场地、天气等因素发生素材缺失的情况，应做好素材缺失登记，记录具体日期，在备注中写清缺失原因。

（4）对每次采集的延时影像数据都应做好入库和文件备份工作，防止因时间长出现损坏，在后期处理时，也要保证至少有一份完整、原始的素材留档。

对延时摄影设备的维护记录可填入表2-4-2。

表2-4-2 延时摄影设备维护记录表

| 日期 | 地点 | 设备编号 | 操作人员 | 操作项目 | | | 操作内容 | 备注 |
| --- | --- | --- | --- | --- | --- | --- | --- | --- |
| | | | | 安装 | 调试 | 维护 | | |
| | | | | | | | | |
| | | | | | | | | |
| | | | | | | | | |

（续表）

| 日期 | 地点 | 设备编号 | 操作人员 | 操作项目 | | | 操作内容 | 备注 |
|---|---|---|---|---|---|---|---|---|
| | | | | 安装 | 调试 | 维护 | | |
| | | | | | | | | |
| | | | | | | | | |
| | | | | | | | | |
| | | | | | | | | |
| | | | | | | | | |
| | | | | | | | | |
| | | | | | | | | |
| | | | | | | | | |

 学习计划

学习计划见表 2-4-3。

表 2-4-3　学习计划

| 流程 | 内容 | 问题及反馈 |
|---|---|---|
| 明确学习目的 | 培养团队合作意识，能够发挥团队每个成员的能力；提高沟通能力和动手能力 | |
| 明确任务内容 | 以 2~4 人为小组，策划一份 7~10 天的延时拍摄计划，利用影像设备（单反、微单、手机等）完成记录，并进行后期成果展示 | |
| 准备延时拍摄方案 | 策划选题，选便于拍摄、变化明显的场景，从主题、选址、执行、维护等方面策划书面方案；填写设备单，提前借取相关设备 | |
| 阅读工程资料 | 掌握延时摄影点位的选择 | |
| 选择延时摄影方式 | 提前到达场地，进行设备调试及预拍摄。利用现有设备完成拍摄，没有条件的可以不进行全天拍摄，只选取方便拍摄的一个时段，如午休、晚饭时间 | |

（续表）

| 流程 | 内容 | 问题及反馈 |
|---|---|---|
| 正式拍摄 | 根据拍摄步骤进行拍摄，记录成果以视频方式展现出来 | |
| 后期制作 | 后期合成及包装，生成不少于10秒的延时摄影作品 | |

（1）工程延时摄影中哪些环节容易出问题，有什么解决方案？

（2）简述延时摄影的点位选择依据。

本课程是融合了现代学徒制及课程思政的理论实践一体化专业基础课程。职业素养、政治素养及技能素养的考核贯穿整个课程的过程性考核，具体考核项目及内容见表2-4-4。

表2-4-4 考核项目及内容

| 考核项目 | | 考核内容 | 分值 | 得分 | 备注 |
|---|---|---|---|---|---|
| 拍摄准备 | 时间管理 | 提前10分钟到岗/教室 | 5 | | |
| | 设备准备 | 提前填写延时摄影设备出借单并调试好相关设备，确保无缺失 | 5 | | |
| | 资料准备 | 提前了解拍摄场地、拍摄内容，制订拍摄计划 | 5 | | |
| | 服从纪律 | 服从分组安排，清扫场地，维护设备 | 3 | | |
| | 安全生产 | 穿着得当，不在场地内吸烟 | 2 | | |
| 学习过程 | 表格填写 | 正确填写延时摄影设备维护记录表 | 5 | | |
| | 任务描述 | 准确表达拍摄要点，明确拍摄需求 | 5 | | |

（续表）

| 考核项目 | | 考核内容 | 分值 | 得分 | 备注 |
|---|---|---|---|---|---|
| 学习过程 | 硬件调试 | 能够准确计算延时摄影的相关参数 | 10 | | |
| | 任务实施 | 1. 小组分工明确；<br>2. 机位安排得当；<br>3. 清楚复述延时摄影地点选择的准则；<br>4. 明确延时拍摄要求；<br>5. 对节点的拍摄无遗漏；<br>6. 素材归档及时 | 24 | | |
| | 装备描述 | 准确说出设备名称及数量 | 2 | | |
| | 明确拍摄内容 | 1. 准确计算延时拍摄时间；<br>2. 拍摄素材连贯；<br>3. 延时摄影的曝光、构图得当 | 24 | | |
| 学习总结 | 素材管理 | 及时填写自测报告，正确归档素材 | 5 | | |
| | 问题思考 | 提出问题，找到解决问题的方向 | 5 | | |
| 总分 | | | | | |

## 总结与提高

学习过程中的问题与解决方法可填入表2-4-5。

表2-4-5　问题与解决方法

| 任务实施过程 | 存在的问题 | 解决方法 |
|---|---|---|
| | | |
| | | |
| | | |

（续表）

| 任务实施过程 | 存在的问题 | 解决方法 |
| --- | --- | --- |
|  |  |  |
|  |  |  |

本学习模块内容难度较大，教师可对每个小组的策划方案、实践过程进行指导，并针对过程中出现的问题组织集体讨论和答疑。

# 模块五
## 数字影像设备的保养与维护

 笔记

 工作任务卡

本模块的工作任务卡见表2-5-1。

表 2-5-1 工作任务卡

| 任务编号 | 5 | 任务名称 | 数字影像设备的保养与维护 |
|---|---|---|---|
| 设备型号 | 清洁套装 | 课时安排 | 2课时 |
| 课程思政点拨 | 1. 在设备保养和维护中,严格遵循操作规范,杜绝违规操作,注重细节,确保设备始终处于最佳状态,培养工匠精神;<br>2. 强化责任意识与职业操守,注重数据安全,维护公司和客户的利益,树立良好的职业形象 | | |
| 任务准备 | 1. 技术资料:工作任务卡、影像设备保养与维护手册(包含设备检查、清洁、保养的详细操作指南);<br>2. 场地:摄影实训室或企业实训室(提供适合设备保养与维护的场地环境);<br>3. 2~3人一组,每组分配一台相机或其他影像设备,进行设备检查、清洁、保养的实操练习 | | |

| 类别 | 名称 | 单位 | 数量(每组) |
|---|---|---|---|
| 工具设备 | 手套 | 副 | 1 |
| | 清洁套装 | 套 | 1 |
| | 干燥工具 | 套 | 1 |
| | 螺丝刀组 | 组 | 1 |
| | 清洁气吹 | 个 | 1 |

（1）数字影像设备保养与维护的意义是什么？

（2）如何正确保养与维护镜头？

（3）能否用手直接触碰镜头表面？

## 一、数字影像设备保养与维护的意义

正确使用与操作数字影像设备是影像记录的前提与基础，数字影像设备的保养与维护则是为了保证下一次的影像记录能够顺利实施，二者缺一不可。正确完善的保养与维护可以在一定程度上延长数字影像设备的使用期限，尽可能避免由于使用不当所产生的风险与资源浪费。

## 二、数字影像设备保养与维护的注意事项

### （一）数字影像设备的状态检查

无论是对自己的设备，还是对租借的设备，在使用之前都应进行设备的状态检查，养成良好的检查习惯可帮助使用者更清晰地了解设备状态，在面对突发情况时能及时有效地应对，从而不影响拍摄。

（1）设备总体检查：是否有组件缺失？

（2）设备外观与按键情况：是否有磕碰痕迹？是否可正常运作？

（3）设备镜头与CMOS（complementary metal oxide semiconductor，互补金属氧化物半导体）：是否有污损？是否蒙尘？卡扣是否稳当？

（4）设备电池及其使用情况：电量是否充足？

（5）外接设备（三脚架、充电宝等）准备情况：是否满足拍摄记录需求？

## （二）数字影像设备的保养与维护工具（按实际需求配置）

（1）手套：减少使用者的皮屑、汗液、指纹等对于机身或镜头镀膜的影响。

（2）数字影像设备专用清洁工具：清洁纸、清洁刷、清洁布等，不使用任何刺激性化学物品清洁设备，如酒精。

（3）干燥工具：辅助影像设备在合理湿度及温度下保存。

（4）精密螺丝刀套组：进行小组件的更换与拆卸（不建议个人进行拆卸与组装，必要时给原厂修理）。

（5）清洁气吹：清理表层灰尘。不可用嘴巴吹，因为人体唾液及飞沫会对镜头镀膜等造成影响。

## 三、数字影像设备的镜头品牌与电池选择

索尼（SONY）、尼康（NIKON）、佳能（CANON）、富士（FUJIFILM）等是我们所熟知的摄像机、照相机品牌，它们的镜头产品可以在不同数字影像设备上互通使用。国产镜头品牌如唯卓仕（Viltrox）、腾龙（Tamron）等近年来也在推陈出新，力求帮助摄影摄像者在拍摄记录的过程中使用最合适的镜头。

市面上有非常多的通用型电池、电池充电器，价格低廉，远低于原装电池，会让使用者产生使用通用型电池也不会有问题的想法。然而，使用通用型电池，不仅会缩短数字影像设备的使用寿命，而且由于通用型电池存在不稳定性和虚电的情况，长期使用可能造成电池不再兼容，数字影像设备无法开机或突然停机的问题。通过正规渠道购买原装电池，使用者可享受有限期内的质保，一旦发生问题可及时置换，避免影响设备使用。因此，使用原装电池，可让数字影像设备保持在最优状态。

## 一、干燥箱

干燥箱可根据干燥物质的不同分为电热鼓风干燥箱和真空干燥箱两大类。

在数字影像设备保养与维护中，干燥工具不局限于特定的种类或体积，但都需具备防尘防潮、保持恒温恒湿的功能，减少环境因素对数字影像设备使用的影响。

商用干燥箱（图2-5-1）的优点有：体积大、容量大，可同时存储多种、

多个数字影像设备；拥有专业的恒温恒湿监控系统，可随时调整使用参数。缺点有：占地面积大，箱体表面不可放置任何物品，部分种类干燥箱工作时会产生噪声。

自制干燥工具的优点有：可根据数字影像设备大小自行定制干燥工具的大小，节省空间，成本低，可随时随地存储数字影像设备。缺点有：无法精确地保持恒温恒湿，有蒙尘受潮风险，受环境影响，循环利用干燥剂会使干燥效果逐渐减弱。

图 2-5-1　商用干燥箱

## 二、数字影像设备实例

### （一）广播级高清摄像机（SONY PMW-EX280）

#### 1. 取景器及收音麦

取景器的一部分为橡胶材质，该材质容易老化、脆化，不用时可摘下，放置在阴凉处。

收音麦外圈吸音海绵无记忆功能，容易在使用过程中受到磕碰而缺损，但不明显影响收音功能。若海绵受损，使用者可根据实际需求替换海绵或改用其他设备收音。

#### 2. 读卡器

该摄像机使用的是索尼 SxS 系列专用高速内存卡。较为常用的 SD 卡、CF 卡、TF 卡可使用混合读卡器（即一机读取多卡），而 SxS 卡拥有专属的读卡器。

### （二）专业单反相机（SONY A7V）

#### 1. 照相机镜头

部分焦段镜头会在镜头侧面有焦段锁定口，清洁和使用时都应注意锁定口的蒙尘情况或锁定情况，避免使用过程中出现问题。

#### 2. 机身热靴盖/热靴挡板

使用外接闪光灯时，需要取下机身热靴盖/热靴挡板，使用完毕后，应将热靴盖/热靴挡板及时插回原位，避免下一次使用时出现问题。同时，也需注意热靴盖/热靴挡板的蒙尘情况或锁定情况，避免使用时出现问题。

### 学习准备

数字影像设备保养与维护所需工具可填入表 2-5-2。

表 2-5-2 数字影像设备保养与维护所需工具表

| 序号 | 名称 | 型号 | 数量 | 设备情况 | 备注 |
|---|---|---|---|---|---|
|  |  |  |  |  |  |
|  |  |  |  |  |  |
|  |  |  |  |  |  |
|  |  |  |  |  |  |
|  |  |  |  |  |  |

### 学习计划

学习计划见表 2-5-3。

表 2-5-3 学习计划

| 流程 | 内容 | 问题及反馈 |
|---|---|---|
| 理解知识点 | 了解数字影像设备保养与维护的重要性 |  |
| 实际操作 | 完成数字影像设备的保养与维护流程 |  |

### 学习自测

（1）在进行数字影像设备保养与维护之前首先需要做什么？

_____

_____

_____

（2）24-70 mm 焦段的镜头应该保存在多少湿度下的干燥工具中？

## 考核与评价

本课程是融合了现代学徒制及课程思政的理论实施一体化专业基础课程。职业素养、政治素养及技能素养的考核贯穿整个课程的过程性考核，具体考核项目及内容见表 2-5-4。

表 2-5-4 考核项目及内容

| 考核项目 | | 考核内容 | 分值 | 得分 | 备注 |
| --- | --- | --- | --- | --- | --- |
| 工作准备 | 时间管理 | 提前 10 分钟到岗 / 教室 | 5 | | |
| | 设备准备 | 提前填写数字影像设备保养与维护所需工具的情况 | 10 | | |
| | 资料准备 | 提前了解实训场地、实训内容，制订完整的保养与维护流程清单 | 5 | | |
| 学习过程 | 明确工作要点 | 明确数字影像设备保养与维护的任务目标，设备检查、清洁、保养的具体内容和要求 | 10 | | |
| | 资料确认 | 确认数字影像设备保养与维护的相关资料，包括操作手册、保养工具清单、设备检查流程等 | 10 | | |
| | 工序安排 | 1. 明确小组成员分工，分别负责准备检查、清洁、记录保养操作等任务；<br>2. 根据设备类型制订详细的检查清单，确保所有保养工具齐全并符合规范；<br>3. 按照检查清单和保养流程逐步完成设备清洁、保养和维护；<br>4. 及时记录问题，制订解决方案并撰写总结报告 | 50 | | |
| 学习总结 | 工具管理 | 及时填写自测报告，使工具入库 | 5 | | |
| | 问题思考 | 能够提出问题，找到解决问题的方向 | 5 | | |
| 总分 | | | | | |

## 总结与提高

学习过程中的问题与解决方法可填入表2-5-5。

表 2-5-5 问题与解决方法

| 任务实施过程 | 存在的问题 | 解决方法 |
| --- | --- | --- |
|  |  |  |
|  |  |  |
|  |  |  |

## 情境学习反思

# 学习情境三

## 数字口述影像的制作

模块一
- 主题性人物采访

模块二
- 口述历史录音技巧

模块三
- 数字口述影像的拍摄技巧

模块四
- 数字口述影像的布光技巧

模块五
- 数字口述影像的编辑技巧

# 模块一
## 主题性人物采访

笔记

本模块的工作任务卡见表 3-1-1。

表 3-1-1　工作任务卡

| 任务编号 | 6 | 任务名称 | 主题性人物采访 |
|---|---|---|---|
| 任务材料 | 采访资料 | 课时安排 | 2 课时 |
| 课程思政点拨 | 1. 通过参与实际采访任务，深刻理解职业责任，坚守职业操守；<br>2. 熟悉采访对象的资料，挖掘背后的故事和精神；<br>3. 在人物采访中，保持尊重与同理心，确保采访内容真实、客观、公正；<br>4. 明确历史观、唯物观的辩证与统一，了解历史对于现在和未来的重要性；<br>5. 在选题及内容创作中，保持高度的政治敏锐性，避免触碰政治红线 | | |
| 任务准备 | 1. 技术资料：工作任务卡、《中国档案服务业企业蓝皮书（2020）》；<br>2. 场地：摄影实训室或企业实训室；<br>3. 2～3 人一组，分配（自选）选题 | | |
| 任务内容 | 1. 根据选题，搜索相关资料，进行分类整理（建立文件夹或绘制思维导图）；<br>2. 撰写采访提纲；<br>3. 了解提问的方式及采访的艺术；<br>4. 与采访对象沟通联系；<br>5. 撰写工作日志和采访手记；<br>6. 整理采访素材；<br>7. 编撰与归档资料 | | |

（1）采访前，为什么一定要进行准备工作？

（2）如何撰写采访提纲？

（3）为什么要提前与采访对象沟通并且熟悉采访对象？

（4）采访过程中，如何做好倾听者和提问者？

（5）请简述采访手记的重要性。

数字口述影像的采访技巧

## 一、采访提纲的基本模式

采访前准备采访提纲是完成人物采访非常重要的一个环节。一般来说，采访提纲应该包括：给受访人的信（电子邮件或正式的信函）、提问环节的第一个问题、常规性问题，以及标记的特殊问题。修订好采访提纲后应提交采访提纲的正式文本。

## 二、做良好的倾听者和提问者

在口述历史采访中，采访人有两项重要任务，一是提问，二是倾听。二者孰轻孰重？这是一个值得口述历史采访人注意的问题。

对这一问题有两种不同的态度。一种态度是要求采访人首先做一个提问者，而且还要做一个合格的、优秀的提问者，倾听则是次要任务。没有提问，也就没有什么回答可以倾听；没有好的提问，就没有好的回答。

另一种态度是希望采访人首先做一个倾听者。只有一个好的倾听者才能让受访人乐意对话、乐于接受提问，才会有一个好的采访。口述采访是采访人与受访人二者密切合作的过程。二者不应相互争辩或比试，倘若采访人咄咄逼人、能言善辩，处处想压受访人一头，多半不会获得真正令人满意的口述采访。

第二种态度更为可取。采访人首先须做一个合格的倾听者，懂得倾听，懂得让受访人占据上风，才会有真正密切的合作，从而使得采访获得圆满的成功。提问当然重要，但并不是第一重要的任务。

采访手记对口述历史档案的归档、查询有重要价值，对于口述历史经验的总结和学术研究也有重要价值。采访手记可长可短，形式多样，应该包括以下信息：受访人的信息；采访人对受访人的身体状况、精神状况、记忆状况、个性特点、教育背景等的记录和评估；采访人与受访人联络、预访、采访的具体信息；参与采访的人员，如摄像师、其他工作人员等的信息；采访人对此次采访的简单总结；此次采访可能遗留的问题。

采访中要准备的资料可填入表3-1-2。

表3-1-2　采访准备资料清单

| 序号 | 具体资料 |
| --- | --- |
|  | 背景 |
|  | 目的 |
|  | 人物 |
|  | 提纲 |
|  | 场地 |
|  | 其他 |

（续表）

| 序号 | 具体资料 |
| --- | --- |
|  |  |
|  |  |
|  |  |
|  |  |
|  |  |

## 学习计划

学习计划见表 3-1-3。

表 3-1-3　学习计划

| 流程 | 内容 | 问题及反馈 |
| --- | --- | --- |
| 确定主题 | 确定采访主题，明确采访核心内容和目标，确保具有吸引力；细化主题，将其分解为具体问题，为采访提纲的制订提供依据 |  |
| 策划采访 | 制订采访计划，包括时间、地点、方式及受访人信息；设计采访提纲并提交正式文本；准备邀请函 |  |
| 准备资料 | 收集受访人资料，包括经历、成就等；准备相关背景资料、文献和设备，确保采访顺利进行 |  |
| 拍摄采访 | 确保现场布置合理，营造舒适的访谈环境，调整拍摄机位，调试设备；按提纲和计划进行采访；后期编辑制作完整影像作品 |  |

## 学习自测

（1）提前了解采访对象的情况，包括_____、_____、_____、_____、_____等，制订采访计划和方案。

（2）提问的技巧与艺术有哪些？（列出关键词）

## 考核与评价

本课程是融合了现代学徒制及课程思政的理论实践一体化专业基础课程。职业素养、政治素养及技能素养的考核贯穿整个课程的过程性考核，具体考核项目及内容见表3-1-4。

表3-1-4　考核项目及内容

| 考核项目 | | 考核内容 | 分值 | 得分 | 备注 |
| --- | --- | --- | --- | --- | --- |
| 实训准备 | 时间管理 | 提前10分钟到岗/教室 | 5 | | |
| | 设备准备 | 提前填写设备出借单并调试好相关设备，确保无缺失 | 5 | | |
| | 资料准备 | 提前了解实训场地、实训内容，制订工作计划 | 5 | | |
| | 服从纪律 | 服从分组安排，清扫维护场地 | 3 | | |
| | 安全生产 | 穿着得当，不在场地内吸烟 | 2 | | |
| 学习过程 | 表格填写 | 正确填写采访准备资料清单 | 5 | | |
| | 任务描述 | 准确表达拍摄要点 | 5 | | |
| | 资料搜集 | 完成资料的搜集与整理 | 10 | | |
| | 任务实施 | 1. 小组分工明确；<br>2. 完成采访提纲的撰写；<br>3. 联系采访对象；<br>4. 组织模拟采访；<br>5. 素材归档及时 | 50 | | |
| 学习总结 | 素材管理 | 及时填写自测报告，正确归档素材 | 5 | | |
| | 问题思考 | 提出问题，找到解决问题的方向 | 5 | | |
| 总分 | | | | | |

学习过程中的问题与解决方法可填入表3-1-5。

表 3-1-5　问题与解决方法

| 任务实施过程 | 存在的问题 | 解决方法 |
| --- | --- | --- |
|  |  |  |
|  |  |  |
|  |  |  |
|  |  |  |
|  |  |  |
|  |  |  |

### 笔记

# 模块二
## 口述历史录音技巧

 笔记

本模块的工作任务卡见表 3-2-1。

表 3-2-1  工作任务卡

| 任务编号 | 7 | 任务名称 | 嘉宾访谈录音技巧 |
|---|---|---|---|
| 设备型号 | 舒尔 WL185 微型领夹式电容话筒 | 课时安排 | 2 课时 |
| 课程思政点拨 | 1. 通过参与实际采访任务，深刻理解职业责任，坚守职业操守；<br>2. 通过实践不断优化录音的工作流程，提高工作效率；<br>3. 严格遵守国家法律法规，确保录音内容和方式的合法性与合规性 | | |
| 任务准备 | 1. 技术资料：工作任务卡、《中国档案服务业企业蓝皮书（2020）》；<br>2. 场地：摄影实训室或企业实训室；<br>3. 3 人一组，分配话筒和腰包式发射机 | | |

| 类别 | 名称 | 参数 | 单位 | 数量（每组） |
|---|---|---|---|---|
| 工具设备 | 话筒 | WL185 | 个 | 3 |
| | 腰包式发射机 | ULX-D | 个 | 3 |
| | 四通道数字无线接收机 | ULXD4Q | 套 | 1 |
| 工具指标 | 话筒 | 全指向 | | |
| | 腰包式发射机 | 2 节 AA 电池、操作范围为 100 米 | | |

（1）录制嘉宾访谈声音前为什么要准备一个备用话筒？

（2）当采访嘉宾声音过大或者过小时应该注意什么？

（3）为什么要了解访谈中嘉宾的座位安排？

## 一、录制嘉宾访谈前的准备

（1）提前了解访谈情况：了解访问的主题、时长、议程、嘉宾背景等，提前拿到编导录制脚本，制订录音计划和方案。

（2）提前查看场地：了解电力供给、嘉宾位置、现场可供摆放音响的位置，与编导沟通。

## 二、演播室访谈节目录制要点

（1）将麦克风安装在领口下方 80 厘米至 20 厘米处（图 3-2-1），以获得最佳声音效果。

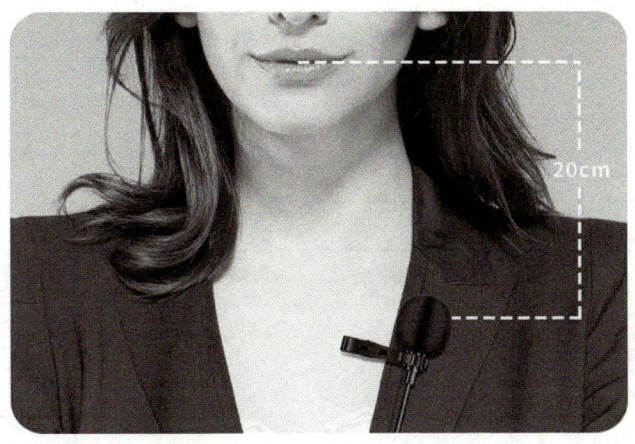

图 3-2-1　录音话筒摆放位置

（2）不要用手或衣服盖住麦克风。
（3）使用挡风玻璃，以尽量减少风声和呼吸噪声。

笔记

舒尔 MX100 系列话筒是有线领夹式驻极体电容话筒，专为语音和人声拾取、通用扩声、录音和远程监听而设计。它们可以夹在领带、翻领和其他衣物上。话筒头可更换，可以在需要时重新配置话筒覆盖范围。

口述历史录音设备可填入表 3-2-2。

表 3-2-2　口述历史录音设备表

| 序号 | 类别 | 名称 | 型号 | 数量 | 备注 |
|---|---|---|---|---|---|
|  |  |  |  |  |  |
|  |  |  |  |  |  |
|  |  |  |  |  |  |
|  |  |  |  |  |  |
|  |  |  |  |  |  |
|  |  |  |  |  |  |
|  |  |  |  |  |  |

学习计划见表 3-2-3。

表 3-2-3　学习计划

| 流程 | 内容 | 问题及反馈 |
|---|---|---|
| 准备录音设备 | 填写设备单，提前借取相关设备 |  |

(续表)

| 流程 | 内容 | 问题及反馈 |
|---|---|---|
| 阅读访谈脚本 | 了解演播室、嘉宾及主持人、访谈主题 | |
| 节目走台 | 提前到达场地，进行设备调试及预录制 | |
| 正式录制 | 根据录制计划进行录制 | |

## 学习自测

（1）提前了解节目内容，包括_____、_____、_____、_____、_____、嘉宾位置等，提前与编导沟通，阅读访谈提纲和节目脚本，制订录制计划和方案。

（2）嘉宾访谈录音要点有哪些？（列出关键词）

## 考核与评价

本课程是融合了现代学徒制及课程思政的理论实践一体化专业基础课程。职业素养、政治素养及技能素养的考核贯穿整个课程的过程性考核，具体考核项目及内容见表3-2-4。

表3-2-4 考核项目及内容

| 考核项目 | | 考核内容 | 分值 | 得分 | 备注 |
|---|---|---|---|---|---|
| 拍摄准备 | 时间管理 | 提前10分钟到岗/教室 | 5 | | |
| | 设备准备 | 提前填写设备出借单并调试好相关设备，确保无缺失 | 5 | | |
| | 资料准备 | 提前了解实训场地、实训内容，制订录制计划 | 5 | | |
| | 服从纪律 | 服从分组安排，清扫维护场地 | 3 | | |
| | 安全生产 | 穿着得当，不在场地内吸烟 | 2 | | |
| 学习过程 | 表格填写 | 正确填写口述历史录音设备表 | 5 | | |
| | 任务描述 | 准确表达录音要点 | 5 | | |

（续表）

| 考核项目 | | 考核内容 | 分值 | 得分 | 备注 |
|---|---|---|---|---|---|
| 学习过程 | 硬件调试 | 准确安装话筒、腰包和数字接收机，并调整数字接收机和腰包式发射机的参数 | 10 | | |
| | 任务实施 | 1. 小组分工明确；<br>2. 话筒安装得当；<br>3. 明确访谈信息；<br>4. 主持人及嘉宾声音的录制无遗漏；<br>5. 素材归档及时 | 24 | | |
| | 设备描述 | 准确说出设备名称及数量 | 2 | | |
| | 明确录音内容 | 1. 主持人声音完整准确；<br>2. 主要嘉宾按照座次发言的素材声音完整；<br>3. 整体访谈声音的音质平衡 | 24 | | |
| 学习总结 | 素材管理 | 及时填写自测报告，正确归档素材 | 5 | | |
| | 问题思考 | 提出问题，找到解决问题的方向 | 5 | | |
| 总分 | | | | | |

## 总结与提高

学习过程中的问题与解决方法可填入表3-2-5。

表3-2-5  问题与解决方法

| 任务实施过程 | 存在的问题 | 解决方法 |
|---|---|---|
| | | |
| | | |
| | | |

# 模块三
## 数字口述影像的拍摄技巧

 **工作任务卡**

本模块的工作任务卡见表 3-3-1。

表 3-3-1 工作任务卡

| 任务编号 | 8 | | 任务名称 | 口述采访的拍摄 |
|---|---|---|---|---|
| 设备型号 | 佳能 EOS 5D Mark Ⅱ | | 课时安排 | 4 课时 |
| 课程思政点拨 | 1. 培养细致严谨的职业素养；<br>2. 不断探索新的拍摄手法，以创新思维提升作品质量；<br>3. 关注社会热点，通过影像作品反映社会现实，传递正能量 | | | |
| 任务准备 | 1. 技术资料：工作任务卡、《中国档案服务业企业蓝皮书（2020）》；<br>2. 场地：摄影实训室或企业实训室；<br>3. 2～3 人一组，每组分配一台相机；<br>4. 准备采访相关的资料与物料 | | | |
| 类别 | 名称 | 参数 | 单位 | 数量（每组） |
| 工具设备 | 相机 | 佳能 EOS 5D Mark Ⅱ | 台 | 1 |
| | 镜头 | 24-105 mm | 个 | 1 |
| | | 70-200 mm | 个 | 1 |
| | 曼富图三脚架 | 碳纤维，液压 | 个 | 1 |
| | 闪光灯 | 神牛 | 个 | 2 |
| | 稳定器 | RS2 | 台 | 1 |
| 工具指标 | 相机 | 1 000 万～2 000 万像素或 2 000 万像素以上，全画幅 | | |
| | 像素 | 2 100（5 616×3 714） | | |
| | | 1 100（4 080×2 720） | | |

（1）拍摄人物访谈的机位和景别如何选择？

（2）有人说，拍摄人物访谈时，摄像师只要架好机器，按开关键就可以了，你怎么看？

（3）如何安排多机位拍摄？

数字口述影像的拍摄技巧

## 一、拍摄机位和景别的选择

在采访单人时，应将人物置于画面的 2/3 位置，这是人眼最易捕捉到的视觉中心点，也是最容易凸显人物的位置。在采访多人时，一般情况下采用两台摄像机进行拍摄，一台摄像机使用标准镜头，另一台使用长焦镜头；标准镜头如果受到环境和场景限制，则使用广角镜头拍摄，但是要注意避免人物畸变。

## 二、拍摄背景的选择

根据不同的人物访谈类型，布置符合主题的访谈环境。首先，人物背景必须干净整洁，选择的背景要符合人物特点。这就需要采访人在预采访中获取受访人的第一印象，这是往后布置拍摄背景的前提。摄影师应认真听取受访人给出的信息，在头脑中形成一个人物形象，从而找出受访人的特点，根据特点布置访谈环境。其次，选择的场景要全面，因为作为史料留存的口述访谈必须翔实地记录受访者的整体居家环境、工作环境等，作为资料的一部分。最后，在构图上要有所侧重，使背景成为采访中的辅助。

## 三、镜头的设计

镜头的设计是视觉传达的重要组成部分。镜头的设计需要灵活调用摄像机，可以使用三台及以上的摄像机进行拍摄,采用优质收音设备,尽量使用自然光;拍摄的时候镜头设计以还原真实、展现细节为主,不要过度追求画面的优美,否则会失去口述历史所蕴含的历史韵味。

口述采访拍摄的构图技巧有三个。

(1)增加前景元素。给画面增加些元素,会带来特别的观赏效果,赋予画面空间感。

(2)让采访对象直视摄像机。当采访对象直接看向摄像机镜头时,会激起观众的某些情感,让观众与拍摄对象建立直接联系。直视镜头通常用于强化情感表达。

(3)从后方拍摄采访对象。这是为场景增添神秘感的一种方式。当观众看不到拍摄对象的面部时,会立刻增强好奇心或不确定感。

口述影像档案的拍摄机位设计可填入表 3-3-2。

表 3-3-2　口述影像档案拍摄机位设计表

| 机位设计图 | 序号 | 设备名称 | 数量 | 参数 | 备注 |
| --- | --- | --- | --- | --- | --- |
|  |  |  |  |  |  |
|  |  |  |  |  |  |
|  |  |  |  |  |  |
|  |  |  |  |  |  |
|  |  |  |  |  |  |
|  |  |  |  |  |  |
|  |  |  |  |  |  |
|  |  |  |  |  |  |
|  |  |  |  |  |  |
|  |  |  |  |  |  |

 学习计划

学习计划见表3-3-3。

表3-3-3　学习计划

| 流程 | 内容 | 问题及反馈 |
| --- | --- | --- |
| 准备设备 | 填写设备单，提前借取相关设备 | |
| 阅读口述访谈资料 | 了解采访对象、拍摄地点等 | |
| 准备拍摄 | 提前到达场地，进行设备调试及预拍摄 | |
| 正式拍摄 | 根据拍摄步骤进行拍摄 | |

学习自测

口述采访的拍摄要点有哪些？（列出关键词）

_____

_____

_____

 考核与评价

本课程是融合了现代学徒制及课程思政的理论实践一体化专业基础课程。职业素养、政治素养及技能素养的考核贯穿整个课程的过程性考核，具体考核项目及内容见表3-3-4。

表3-3-4　考核项目及内容

| 考核项目 | | 考核内容 | 分值 | 得分 | 备注 |
| --- | --- | --- | --- | --- | --- |
| 拍摄准备 | 时间管理 | 提前10分钟到岗/教室 | 5 | | |
| | 设备准备 | 提前填写设备出借单并调试好相关设备，确保无缺失 | 5 | | |
| | 资料准备 | 提前了解实训场地、实训内容，制订拍摄计划 | 5 | | |

（续表）

| 考核项目 | | 考核内容 | 分值 | 得分 | 备注 |
|---|---|---|---|---|---|
| 拍摄准备 | 服从纪律 | 服从分组安排，清扫维护场地 | 3 | | |
| | 安全生产 | 穿着得当，不在场地内吸烟 | 2 | | |
| 学习过程 | 表格填写 | 正确填写口述影像档案拍摄机位设计表 | 5 | | |
| | 任务描述 | 准确表达拍摄要点 | 5 | | |
| | 硬件调试 | 准确安装三脚架、外置闪光灯，并在不同光线条件下调整参数 | 10 | | |
| | 任务实施 | 1. 小组分工明确；<br>2. 机位安排得当；<br>3. 清楚复述座位信息；<br>4. 对关键采访流程的拍摄无遗漏；<br>5. 素材归档及时 | 24 | | |
| | 设备描述 | 准确说出设备名称及数量 | 2 | | |
| | 明确拍摄内容 | 1. 场地全景拍摄准确；<br>2. 采访过程素材全面；<br>3. 拍摄方法得当，有一定的创新；<br>4. 拍摄焦点、曝光、构图得当 | 24 | | |
| 学习总结 | 素材管理 | 及时填写自测报告，正确归档素材 | 5 | | |
| | 问题思考 | 提出问题，找到解决问题的方向 | 5 | | |
| | | 总分 | | | |

## 总结与提高

学习过程中的问题与解决方法可填入表3-3-5。

表3-3-5 问题与解决方法

| 任务实施过程 | 存在的问题 | 解决方法 |
|---|---|---|
| | | |
| | | |
| | | |

# 模块四

## 数字口述影像的布光技巧

### 工作任务卡

本模块的工作任务卡见表 3-4-1。

表 3-4-1　工作任务卡

| 任务编号 | 9 | 任务名称 | 布光练习 |
|---|---|---|---|
| 设备型号 | 灯光套组 | 课时安排 | 2 课时 |
| 课程思政点拨 | \multicolumn{3}{l}{1. 提升个人审美能力，使作品更具艺术魅力；<br>2. 遇到困难时，要有持之以恒的工匠精神；<br>3. 通过实践不断优化布光的工作流程，提高工作效率；<br>4. 在工作过程中务必保持实事求是的作风} |
| 任务准备 | \multicolumn{3}{l}{1. 技术资料：工作任务卡、《中国档案服务业企业蓝皮书（2020）》；<br>2. 场地：摄影实训室或企业实训室；<br>3. 2~3 人一组，分配灯光设备} |

| 类别 | 名称 | 参数 | 单位 | 数量（每组） |
|---|---|---|---|---|
| 工具设备 | LED 灯 | — | 台 | 3 |
|  | 散光灯 | — | 个 | 1 |
|  | 反光板 | — | 块 | 1 |

### 问题引导

（1）采访中常见的布光方式是怎样的？

（2）人物访谈拍摄中，如何运用光线提升艺术效果？

最好的布光是让别人看不出来有布光的痕迹，光线越自然越好。给人物布光的时候要注意均匀布光，人物的面部或者其他地方不要有阴影产生，一般使用三点布光的方法就可以达到这个标准。摄像机的参数要根据当天布光的效果和室内外环境光线而设置，画面不宜过暗或者过亮。

所谓三点布光，就是首先用一盏主光位于人物斜侧面30度左右，照亮主体；其次用一盏强度较弱的辅光填充阴影区以及被主体光遗漏的场景区域；最后，用另一盏辅光从人物的侧后方点亮人物的轮廓，将人物和背景分离，尤其是当背景较暗时，这盏轮廓光能起到画龙点睛的作用（图3-4-1）。

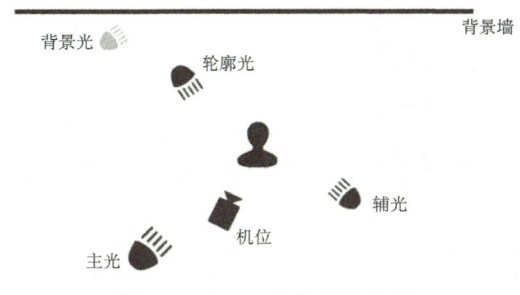

图3-4-1　三点布光示意图

在一对一访谈的情况下，采访人和受访人最好斜向相对而坐，镜头从正面拍摄，两人的侧脸更立体，同时两人之间交流感更强。

（1）一对一访谈使用的是经典的三点布光方式，两盏辅光使用长方形柔光箱，分别布置在两个人物各自的正后方，形成交叉打光，两盏辅光仅需要20%～30%的功率。

（2）主光也就是面光，面光对于光的柔和度要求比较高，这样人物的皮肤状态会更好，明暗过渡也更自然，画面会更干净。主光使用灯笼柔光箱，布置在机位方向的高位，使灯笼柔光箱柔和发散的光线均匀地照到两个人物的正面。

（3）在双人出镜的访谈中，至少备有两个机位，主机位取两个人物同时出镜的中景画面，副机位取各自讲话时的单人近景画面，后期根据两人的谈话互动穿插剪辑不同机位的镜头，整个访谈视频的画面会更加丰富。

笔记

 学习准备

数字口述影像的布光设备可填入表3-4-2。

表3-4-2　数字口述影像布光设备表

| 序号 | 类别 | 名称 | 型号 | 数量 | 备注 |
| --- | --- | --- | --- | --- | --- |
|  |  |  |  |  |  |
|  |  |  |  |  |  |
|  |  |  |  |  |  |
|  |  |  |  |  |  |
|  |  |  |  |  |  |
|  |  |  |  |  |  |
|  |  |  |  |  |  |

 学习计划

学习计划见表3-4-3。

表3-4-3　学习计划

| 流程 | 内容 | 问题及反馈 |
| --- | --- | --- |
| 准备设备 | 填写设备单，提前借取相关灯光设备 |  |
| 阅读访谈资料 | 了解采访对象和访谈流程 |  |
| 准备布光 | 提前到达场地，进行设备调试 |  |
| 正式拍摄 | 根据拍摄要点进行布光 |  |

## 学习自测

（1）提前了解访谈流程，制订布光方案。

_____

_____

（2）人物访谈拍摄的布光要点有哪些？（列出关键词）

_____

_____

## 考核与评价

本课程是融合了现代学徒制及课程思政的理论实践一体化专业基础课程。职业素养、政治素养及技能素养的考核贯穿整个课程的过程性考核，具体考核项目及内容见表3-4-4。

表3-4-4 考核项目及内容

| 考核项目 | | 考核内容 | 分值 | 得分 | 备注 |
| --- | --- | --- | --- | --- | --- |
| 拍摄准备 | 时间管理 | 提前10分钟到岗/教室 | 5 | | |
| | 设备准备 | 提前填写设备出借单并调试好相关设备，确保无缺失 | 5 | | |
| | 资料准备 | 提前了解实训场地、实训内容，制订布光计划 | 5 | | |
| | 服从纪律 | 服从分组安排，清扫维护场地 | 3 | | |
| | 安全生产 | 穿着得当，不在场地内吸烟 | 2 | | |
| 学习过程 | 表格填写 | 正确填写数字口述影像布光设备表 | 5 | | |
| | 任务描述 | 准确表达布光要点 | 5 | | |
| | 硬件调试 | 准确调试补光灯 | 10 | | |
| | 任务实施 | 1. 小组分工明确；<br>2. 补光安排得当；<br>3. 能够清楚复述信息 | 24 | | |
| | 设备描述 | 准确说出设备名称及数量 | 2 | | |

（续表）

| 考核项目 | | 考核内容 | 分值 | 得分 | 备注 |
|---|---|---|---|---|---|
| 学习过程 | 明确工作内容 | 1. 布光准确；<br>2. 灯光设备使用得当；<br>3. 有一定的艺术创新性；<br>4. 保证拍摄过程顺利 | 24 | | |
| 学习总结 | 素材管理 | 及时填写自测报告，正确归档素材 | 5 | | |
| | 问题思考 | 提出问题，找到解决问题的方向 | 5 | | |
| 总分 | | | | | |

## 总结与提高

学习过程中的问题与解决方法可填入表3-4-5。

表3-4-5　问题与解决方法

| 任务实施过程 | 存在的问题 | 解决方法 |
|---|---|---|
| | | |
| | | |
| | | |
| | | |
| | | |

# 模块五
## 数字口述影像的编辑技巧

 **工作任务卡**

本模块的工作任务卡见表 3-5-1。

表 3-5-1 工作任务卡

| 任务编号 | 10 | 任务名称 | 口述影像的后期编辑 |
|---|---|---|---|
| 设备型号 | 计算机 | 课时安排 | 4 课时 |
| 课程思政点拨 | \multicolumn{3}{l}{1. 在基本工作中坚守职业道德底线；<br>2. 紧跟行业发展动态，不断学习新技术、新理念，持续提升专业素养；<br>3. 秉承社会主义核心价值观，树立大局观，实事求是，传递正能量；<br>4. 对技能进行实操训练，理解匠人文化} | | |
| 任务准备 | \multicolumn{3}{l}{1. 技术资料：工作任务卡、《中国档案服务业企业蓝皮书（2020）》；<br>2. 场地：摄影实训室或企业实训室；<br>3. 上机训练，分配剪辑机位} | | |
| 类别 | 名称 | 参数 | 单位 | 数量（每人） |
| 工具设备 | 计算机 | — | 台 | 1 |
|  | 编辑软件 | — | 个 | 1 |
|  | 调音设备 | — | 套 | 1 |

**问题引导**

（1）人物访谈为什么要尽可能准备两台以上的摄像机？

（2）在为口述影像进行后期编辑时需要添加特效吗？

（3）如何做到客观记录与艺术美的辩证统一？

### 知识链接

数字口述影像的编辑技巧

拍摄完毕后，要开启后期剪辑工作。视频剪辑软件是最常用的剪辑工具。现在的视频剪辑软件具备非线性剪辑功能，极大提升了剪辑效率，并且使得剪辑效果得到优化。可以在视频中插入背景音乐、对镜头进行特效处理、将镜头合并等。目前常用的视频编辑软件有 Adobe Premiere Pro (Pr)、EDIUS、会声会影、爱剪辑、剪映等，图 3-5-1 所示为 Pr 和剪映。

图 3-5-1　常见剪辑软件

## 一、口述历史的剪辑结构

口述历史的后期剪辑一般采用顺序剪辑结构，又被称为阶梯递进式结构，即根据事件的进展、人们对事物认识的逻辑顺序来进行剪辑，从而使整个口述的历史有一个清晰的线索，故事逐步地发展。如何在不改变本意的基础上对枯燥的叙述进行剪辑，使其犹如脱胎换骨，是每个后期剪辑工作人员需要思考的问题。后期剪辑完成之后，不仅需要主策划编导进行审核，也要聘请专业的专家团队对历史事件进行勘误以及补充。口述历史是历史的一部分，必然要保证历史真实性。

## 二、单机位采访画面的编辑技巧

机位单一会导致后期剪辑容易产生跳切的问题。该剪掉还是留下内容，以声音为先还是以画面为先？首先我们要明确一点，那就是谈话类节目最核心内容的传达载体是语言。也就是说剪辑中对于音频的整理、对无用语句的删减、对气口的处理才是核心。要做到抛开画面，仅听音频也让人觉得连贯流畅。

如果是一个简单平实的访谈，处理画面要保持一定的剪切节奏，用景别变化表现语言重点，同时尽量掩盖切点和穿帮即可。如果是围绕多个话题的采访，可以通过添加问题板进行包装设计，完成剪切转场。

怎么让人物采访看起来更有趣？怎么更高效地剪辑人物采访？第一，要先进行两个机位的合板。第二，剪辑调整人物说话的气口，修正受访人在说话时的口语错误，同时要切换人物景别。第三，根据采访内容添加镜头。第四，剪辑采访序幕以及设置插入镜头的节奏，同时要加入符合节奏的特技音效。第五，加入音乐，烘托采访的氛围。第六，调整音乐音效与人声的音量比例。第七，对于采访进行整体的调色。第八，输出视频，进行渲染。

后期编辑工作清单可填入表 3-5-2。

表 3-5-2  后期编辑工作清单

| 序号 | 步骤 | 效果 | 备注 |
|---|---|---|---|
|  |  |  |  |
|  |  |  |  |
|  |  |  |  |
|  |  |  |  |
|  |  |  |  |
|  |  |  |  |
|  |  |  |  |
|  |  |  |  |

学习计划见表 3-5-3。

笔记

表 3-5-3 学习计划

| 流程 | 内容 | 问题及反馈 |
|---|---|---|
| 阅读素材 | 熟悉素材，了解采访流程和具体内容 | |
| 粗剪 | 按照时间顺序完成后期编辑 | |
| 精剪 | 补充多机位画面及添加效果 | |
| 审核修改 | 根据要求进行画面修改 | |

 学习自测

（1）了解拍摄素材，制订后期编辑方案。

（2）后期编辑的要点有哪些？（列出关键词）

## 考核与评价

本课程是融合了现代学徒制及课程思政的理论实践一体化专业基础课程。职业素养、政治素养及技能素养的考核贯穿整个课程的过程性考核，具体考核项目及内容见表3-5-4。

表 3-5-4 考核项目及内容

| 考核项目 | | 考核内容 | 分值 | 得分 | 备注 |
|---|---|---|---|---|---|
| 拍摄准备 | 时间管理 | 提前10分钟到岗/教室 | 5 | | |
| | 设备准备 | 提前填写设备出借单并调试好相关设备，确保无缺失 | 5 | | |
| | 资料准备 | 提前调试剪辑设备及软件 | 5 | | |
| | 服从纪律 | 服从分组安排，清扫维护场地 | 3 | | |
| | 安全生产 | 穿着得当，不在场地内吸烟 | 2 | | |
| 学习过程 | 表格填写 | 正确填写后期编辑工作清单 | 5 | | |
| | 任务描述 | 准确表达后期编辑要点 | 5 | | |

（续表）

| 考核项目 | | 考核内容 | 分值 | 得分 | 备注 |
|---|---|---|---|---|---|
| 学习过程 | 设备调试 | 调试计算机硬件、软件 | 10 | | |
| | 任务实施 | 1. 熟悉视频编辑软件的使用方法；<br>2. 合理运用素材完成编辑；<br>3. 有一定的艺术表达和创新；<br>4. 符合客观记录的原则；<br>5. 对关键信息和流程无遗漏；<br>6. 素材归档及时 | 50 | | |
| 学习总结 | 素材管理 | 及时填写自测报告，正确归档素材 | 5 | | |
| | 问题思考 | 提出问题，找到解决问题的方向 | 5 | | |
| 总分 | | | | | |

## 总结与提高

学习过程中的问题与解决方法可填入表3-5-5。

表3-5-5　问题与解决方法

| 任务实施过程 | 存在的问题 | 解决方法 |
|---|---|---|
| | | |
| | | |
| | | |
| | | |
| | | |
| | | |

## 笔记

### 情境学习反思

# 学习情境四

# 数字影像档案的中期管理

模块一
- MAMS 系统简介与应用

模块二
- 数字影像档案管理流程

模块三
- 数字影像档案管理工作细则

# 模块一
## MAMS 系统简介与应用

 工作任务卡

本模块的工作任务卡见表 4-1-1。

表 4-1-1 工作任务卡

| 任务编号 | 11 | 任务名称 | 认知 MAMS 系统 | |
|---|---|---|---|---|
| 设备型号 | 计算机 | 课时安排 | 2 课时 | |
| 课程思政点拨 | 定期进行技能实操训练，通过实践加深理论理解，提高对 MAMS 系统的熟悉程度 | | | |
| 任务准备 | 1. 技术资料：工作任务卡、《中国档案服务业企业蓝皮书（2020）》；<br>2. 场地：教室或企业实训室；<br>3. 每人有 1 台计算机 | | | |
| 类别 | 名称 | 参数 | 单位 | 数量（每人） |
| 工具设备 | 计算机 | — | 台 | 1 |
| | MAMS 系统软件 | — | 套 | 1 |
| | 音响设备 | — | 套 | 1 |

 问题引导

（1）同学们常用的储存数据的介质是什么？如何调用？

（2）如何有效地对媒介资源进行二次使用？

 **知识链接**

MAMS系统简介与应用

　　MAMS影像档案管理系统根据多年影像档案管理实践工作定制开发，是整个影像档案库工作中最重要、最核心的部分，是全生命周期影像数据管理的基础和载体。系统硬件采用华为商业级服务器，多CPU（central processing unit，中央处理器）并行运算，具有高能级存储运算能力；系统内部通过万兆光纤直连桌面传输数据，提高了超大、高清影像文件的读取和传输速度，系统外部可支持在国内多个城市进行异地数据同步，尽可能保证影像数据的安全性。多维度标签管理和AI（artificial intelligence，人工智能）面部识别能提高影像档案文件的检索效率，弥补传统模式下影像素材常态化管理的结构性短板。

　　MAMS影像档案管理系统分为内部管理平台和面向客户的展示使用终端。系统整合客户信息、项目信息、任务信息、关键字标签、影像档案文件和媒介属性，通过强大的服务器平台、安全的存储系统、高速的网络传输和智能的内容分析为客户提供高效、可靠的影像档案快速浏览、高效检索、智能管理和远程应用等服务。

## 一、MAMS系统简介

### （一）商业服务器

　　MAMS系统使用华为2210H商业服务器（图4-1-1），含多颗英特尔至强CPU，可以进行并行运算，有512GB双通道内存、高等级硬件防火墙，PB级高速文件存储管理器。

图4-1-1　华为2210H商业服务器

### （二）数据保障

　　MAMS系统有全封闭万转服务器硬盘、可靠的RAID10阵列冗余存储，可支持本地定期镜像备份、核心数据在北京、上海、广州的异地备份，有超大容量UPS（uninterruptible power supply，不间断电源），支持8小时断电工作。

### （三）高速数据传输

　　MAMS系统接入网络专线，通过万兆光纤传输数据到桌面（图4-1-2），支持5GB影像高速传输；工作站使用全固态硬盘，支持高清影像在线预览、超

图 4-1-2 万兆光纤传输

大文件远程秒传,提供高效便捷的影像档案浏览、检索和管理通道。

## (四)定制开发功能板块

MAMS 系统基于多年影像档案管理实践经验定制开发,客户管理、项目管理、媒介管理等板块完全根据实际使用需求开发。

## (五)国家软件版权认证

MAMS 影像档案管理系统和 CGEMA 政企影像档案库平台获得国家版权局计算机软件著作权登记证书(图 4-1-3),全部有版权专利保护。

图 4-1-3 国家版权局计算机软件著作权登记证书

## (六)文件优化

MAMS 系统采用数据库管理模式,针对影像文件的特点,对超大文件的上传、断点续传、分块加载等做了针对性的优化,保证了 4GB 及以上的影像文件的快速上传和在线预览。

### （七）高密级管理

MAMS 系统有虚拟化双系统，遵循 HTTPS+TLS 安全协议，可绑定手机号码并验证实名，通过人脸识别登录；有多重安全机制，设置可视权限分级、格式权限分级、编辑权限分级，保证影像档案文件的操作权限和应用范围安全。

### （八）多维度标签管理

MAMS 系统充分发挥影像档案管理系统的多维度管理，将客户名称、项目名称、事件主题、拍摄地点、关键人物等标签都纳入系统的多维度管理。编导可根据每次影像记录的特点有针对性地添加关键字，客户也可以自行添加关键字。系统支持对客户、项目、事件、类别等多个维度的关键字进行综合检索和管理。

### （九）视频数据结构化和 AI 识别

MAMS 系统通过将影像视频数据结构化，可对库内所有影像视频流进行数据化分析。客户可智能扫描影像档案文件，对视频进行 AI 识别，开展自动人脸标记和场景分类；通过姓名或关键帧、样本照片进行面部智能搜索；可定义 AI 智能场景，对会议、工程、生态、市政等多种类型场景进行快速搜索。

## 二、MAMS 系统主要功能

### （一）设置安全账号的权限

项目启动后由编导负责按照客户和项目权限分级建立登录账号。账号浏览范围权限可分为 3 个层级、64 类（图 4-1-4）；操作权限分为内容编辑、关键字编辑和浏览检索 3 类。各权限账号、密码由编导通过公司电子邮件统一交付

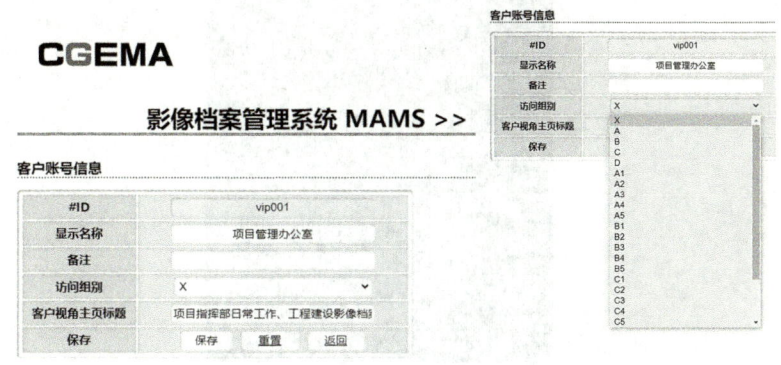

图 4-1-4　账号浏览范围权限分级

给合同中约定的项目对接人,如合同中没有约定则交付给由客户方领导书面指定的对接人。

## (二)多平台全兼容系统登录

客户可以通过编导提供的账号登录客户端,网址为 http://client.cgema.com(图 4-1-5)。客户端经测试可兼容 IE、Microsoft Edge、Firefox、Google Chrome、360 安全浏览器、Safari 等浏览器,并对手机上的小屏浏览器进行自动视觉优化(图 4-1-6)。登录后可根据需要在【用户工具】中修改所显示的客户账号名称和默认密码。

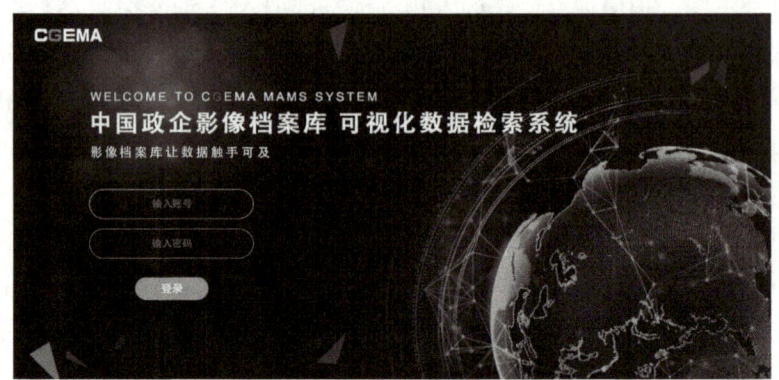

图 4-1-5 登录界面

图 4-1-6 手机登录界面

### （三）可视化项目情况浏览

登录后，可根据权限层级显示对应影像档案项目，包括项目标题，项目地拍、航拍执行情况（图4-1-7）和影像档案清单列表。

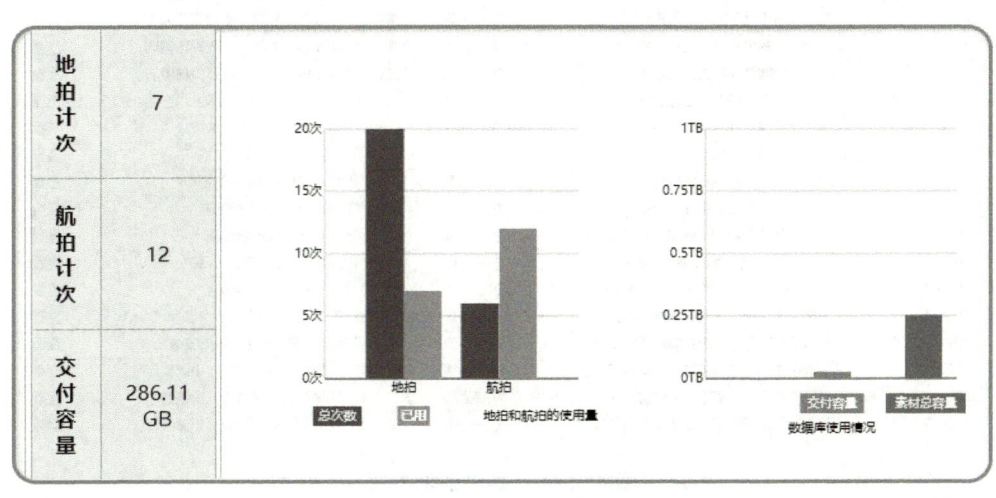

图 4-1-7　项目地拍、航拍执行情况

### （四）影像档案文件浏览

点击事件清单，可浏览影像档案内容，包括事件标题、时间、地点、关键字、内容简介（图4-1-8）。影像档案文件按照视频档案、图片档案（图4-1-9）和文件档案自动分为3栏，可以点击照片缩略图查看大图（图4-1-10），做相应的编辑和操作。

### （五）多维检索功能

可根据文件属性、关键字、日期、地点、人物等多维信息快速检索定位影像档案文件，客户也可以自行添加关键字，根据客户、项目、事件、类别等多个维度的关键字综合检索和管理影像档案（图4-1-11）。

可通过【时间范围】和【关键字】功能将影像档案内容按照时间进行筛选，提高浏览的精准度和效率（图4-1-12）。

| 事件时间 | 事件标题 | 事件地点 | 关键字 | 内容简介 | 操作 |
|---|---|---|---|---|---|
| 2019-09-29 | 董事长调研东平小镇、建设专题会 | 东平小镇 | 花博会、东平小镇、皇冠假日酒店 | | 查看 |
| 2019-10-18 | 基坑开挖、施工机器进场 | 东平小镇 | 花博会、东平小镇、地拍、皇冠假日酒店 | | 查看 |
| 2019-10-24 | 东平小镇地基打桩 | 东平小镇 | 花博会、东平小镇、航拍、皇冠假日酒店 | | 查看 |
| 2019-12-06 | 土地平整、桩机打桩 | 东平小镇 | 花博会、东平小镇、航拍、皇冠假日酒店 | | 查看 |
| 2019-12-12 | 基坑（槽）土石开挖 | 东平小镇 | 花博会、东平小镇、航拍、皇冠假日酒店 | | 查看 |
| 2019-12-27 | 钢筋绑扎弯曲、工地现状 | 东平小镇 | 花博会、东平小镇、航拍、皇冠假日酒店 | | 查看 |
| 2020-01-14 | 建设进度、工地现状 | 东平小镇 | 花博会、东平小镇、航拍 | | 查看 |
| 2020-01-16 | 花博会党风廉政建设会议 | 花博会指挥部 | 党建、是明芳、许如庆 | | 查看 |
| 2020-03-05 | 东平小镇复工后现状 | 东平小镇 | 花博会、东平小镇、航拍 | | 查看 |
| 2020-03-18 | 东平小镇例行航拍 | 东平小镇 | 花博会、东平小镇、航拍 | | 查看 |
| 2020-08-31 | 花博会酒店简报素材 | 东平小镇 | 东平小镇、花博会酒店 | | 查看 |
| 2020-09-16 | 花博会酒店专题报刊素材 | 东平小镇 | 东平小镇、花博会酒店 | | 查看 |
| 2020-10-10 | 花博会酒店水泥浇灌、吊装 | 东平小镇 | 东平小镇、花博会酒店、吊装 | | 查看 |
| 2020-10-22 | 东平小镇花博酒店施工现状 | 东平小镇 | 东平小镇、花博会酒店 | | 查看 |
| 2020-10-29 | 东平小镇花博酒店、小镇客厅施工现状 | 东平小镇 | 东平小镇、花博会酒店、小镇客厅 | | 查看 |
| 2020-11-06 | 东平小镇花博酒店机电预埋及安装 | 东平小镇 | 东平小镇、花博会酒店、机电安装 | | 查看 |
| 2020-11-18 | 东平小镇花博村、花博酒店、小镇客厅施工现状 | 东平小镇 | 东平小镇、花博村、花博酒店、小镇客厅 | | 查看 |
| 2020-12-01 | 东平小镇花博村、花博酒店、小镇客厅施工现状航拍 | 东平小镇 | 东平小镇、花博村、花博酒店、小镇客厅 | | 查看 |
| 2020-12-31 | 花博村、花博酒店、小镇客厅施工现状 | 东平小镇 | 东平小镇、花博村、花博酒店、小镇客厅 | | 查看 |

图 4-1-8　事件清单界面

图 4-1-9　图片档案界面

学习情境四　数字影像档案的中期管理

图 4-1-10　点击查看大图

图 4-1-11　多维检索界面

图 4-1-12　通过时间范围和关键字浏览 2021 年下半年的党建联建内容

图 4-1-13　智能面部分析和检索

### （六）智能面部分析和检索

系统会对所有的影像档案文件进行 AI 智能分析，对所有可识别面部关键帧进行标注，之后若有新影像档案文件，系统也会自动标注，并弹出对应的人名。可以通过人名对库内所有相关面部信息进行检索，识别精准度高达 99%（图 4-1-13）。

### （七）图片对比功能

可以分别选取同一地点不同时期的同角度照片，起到对比效果，从而直观清晰地看到同一事物在不同时间的变化，可通过此功能直观地区别项目点位的细节变化。

细节对比：可放大图片达到局部精确对比的效果（图 4-1-14）。

时空对比：可更直观地看到项目整体的历史演变过程（图 4-1-15）。

### （八）用户工具

可通过【用户工具】功能修改显示名称、密码等与账号、身份安全相关的信息（图 4-1-16）。

学习情境四 数字影像档案的中期管理

图 4-1-14 细节对比

图 4-1-15 时空对比

图 4-1-16 用户工具界面

MAMS 影像档案管理系统的组成部分与功能可填入表 4-1-2。

表 4-1-2　MAMS 系统组成部分与功能表

| 序号 | 组成部分 | 功能 | 备注 |
|---|---|---|---|
|  |  |  |  |
|  |  |  |  |
|  |  |  |  |

学习计划见表 4-1-3。

表 4-1-3　学习计划

| 流程 | 内容 | 问题及反馈 |
|---|---|---|
| 打开软件 | 了解所有窗口和界面 |  |
| 检索 | 按照导航栏掌握系统检索功能 |  |
| 上传 | 按照导航栏掌握系统上传功能 |  |
| 下载 | 按照导航栏掌握系统下载功能 |  |

### 学习自测

（1）如何从硬件配置、软件功能方面理解 MAMS 影像档案管理系统的实践价值和意义？

（2）以实际案例理解 MAMS 影像档案管理系统的多维度管理。

 **考核与评价**

本课程是融合了现代学徒制及课程思政的理论实践一体化专业基础课程。职业素养、政治素养及技能素养的考核贯穿整个课程的过程性考核，具体考核项目及内容见表 4-1-4。

表 4-1-4　考核项目及内容

| 考核项目 | 考核内容 | 分值 | 得分 | 备注 |
| --- | --- | --- | --- | --- |
| 知识学习 | 全面了解系统的开发和软硬件技术特点 | 20 | | |
| | 熟悉系统的各项管理和应用功能 | 20 | | |
| 实践应用 | 通过课程提供的系统学习账号完成实践任务 | 60 | | |
| | 总分 | | | |

 **总结与提高**

学习过程中的问题与解决方法可填入表 4-1-5。

表 4-1-5　问题与解决方法

| 任务实施过程 | 存在的问题 | 解决方法 |
| --- | --- | --- |
| | | |
| | | |
| | | |
| | | |

# 模块二

## 数字影像档案管理流程

📝 笔记

 工作任务卡

本模块的工作任务卡见表 4-2-1。

表 4-2-1 工作任务卡

| 任务编号 | 12 | 任务名称 | 数字影像档案管理流程认知 |
|---|---|---|---|
| 设备型号 | 计算机 | 课时安排 | 2 课时 |
| 课程思政点拨 | \multicolumn{3}{l}{1. 在工作中保持严谨、专业的态度，确保高质量完成任务；<br>2. 在数字影像档案管理过程中，始终保持对细节的敏锐洞察力，确保每一个数字环节都符合专业标准；<br>3. 积极承担社会责任，通过数字影像档案记录和传播正能量，促进社会和谐与进步，为文化传承和社会发展贡献力量；<br>4. 在处理涉及政治敏感内容的影像资料时，保持高度的政治敏锐性和鉴别力，确保不传播不实信息或误导性内容} |
| 任务准备 | \multicolumn{3}{l}{1. 技术资料：工作任务卡、《中国档案服务业企业蓝皮书（2020）》；<br>2. 场地：教室或企业实训室；<br>3. 每人有 1 台计算机} |
| 类别 | 名称 | 参数 | 单位 | 数量（每人） |
| 工具设备 | 计算机 | — | 台 | 1 |
|  | MAMS 系统软件 | — | 套 | 1 |
|  | 音响设备 | — | 套 | 1 |

 问题引导

（1）如何命名文件素材？

（2）在对海量的数据进行归档管理时有什么步骤？

数字影像
档案管理
流程

数字影像档案全生命周期的影像数据管理不随着项目或事件的结束而终止，专属编导、专业团队、责任人对影像档案数据进行长期常态化管理，做到远程检索预览、随时调取应用，把最核心的影像资料牢牢把握在可控范围内，为项目后续经验总结、汇报交流、对外宣传高效地提供有效的影像资料。在工作实践中，影像档案的收集和管理有着严格的标准和规范的流程，由专业团队管理，可以让影像档案管理工作的责任和管理主体明确，减轻客户在这个环节的压力和工作难度。

## 一、前期沟通

项目启动后双方召开项目沟通会，了解项目内涵、素材收集范围、客户成果预期以及实际应用需求，明确影像档案库建设和影像素材管理的工作目标。

双方明确项目的负责人和对接人，对项目后续过程中的沟通、决策、执行负责。保证项目参与人员相对固定，提高项目的沟通、决策和执行效率。

## 二、素材对接

### （一）批量素材交接

项目初期存量素材体量大，可通过硬盘、移动硬盘、光盘等当面交接素材，建立脱机交接机制。交接时须填写素材移交与接收登记表，详细登记交接日期、媒介形式、媒介数量、素材体量等信息，做到接收过程权责明确，杜绝安全隐患，从源头上保证素材的真实性、完整性、可用性。

### （二）日常素材交接

对于项目日常新增素材或补充的存量素材，可通过U盘、光盘、移动硬盘、存储卡等物理媒介交接，也可以通过网盘、邮箱、MAMS系统拷贝或上传至指定网站。每次交接时须填写素材移交与接收登记表，做到接收过程权责明确，杜绝安全隐患，从源头上保证素材的真实性、完整性、可用性。

#### 1. 建库

项目启动后将在中国政企影像档案库中获得相应数据容量的服务管理专区，用来存储和管理客户自有存量影像资料和增量影像资料。

#### 2. 入库

接收素材后，随即将素材拷贝或下载至公司自有服务器中（图4-2-1），保证素材安全性、完整性；通过光纤直连，配置高速专线网络，最高上行速度可达每秒千兆，保证素材检索高效，方便统筹管理。

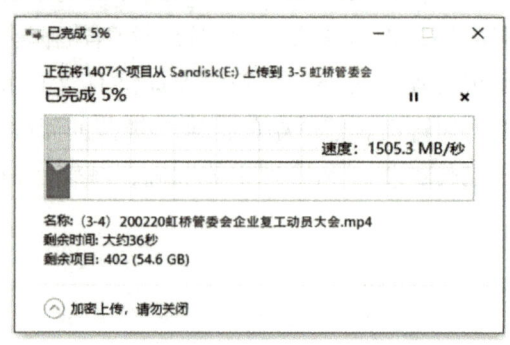

图4-2-1 影像资料入库

### 三、资料分析

将素材纳管入库后，对素材进行全面分析。

图4-2-2 容量预评估

#### （一）容量分析

统计素材总容量，对库的容量进行预评估（图4-2-2）。明确素材总容量，文件总数量、总容量，照片总数量、总容量，视频总数量、总容量，文档（含PPT、Word、Excel、PDF等）数量，其他文件容量以及各类型文件数量占总体文件的比例等，以便分析详细工作量（图4-2-3）。

#### （二）质量分析

根据容量分析按照一定比例挑选部分素材，用视频分析软件查看视频资料的可读性，判断视频是否

图 4-2-3 文档信息读取

为可用素材，查看视频帧率、位率、格式等，判断是否需对视频格式、画质进行优化；查看视频画面稳定性，了解素材利用率，以及判断后期是否需对视频进行二次处理（图4-2-4）。

分析图片资料像素、画幅、格式、分辨率、位深度、拍摄工具等，判断是否需对图片进行后期画质提升、再构图等（图4-2-5）。

### （三）内容分析

全面分析素材内容，查看原始素材名称是否包含有效信息（时间、主题等），内容表达是否完整；分析素材是否有既定逻辑，判断后期是否需要重新分类梳理；查看素材内容，全面了解素材类型、重复率等，了解后期分类及过滤重复数据的工作量（图4-2-6）。

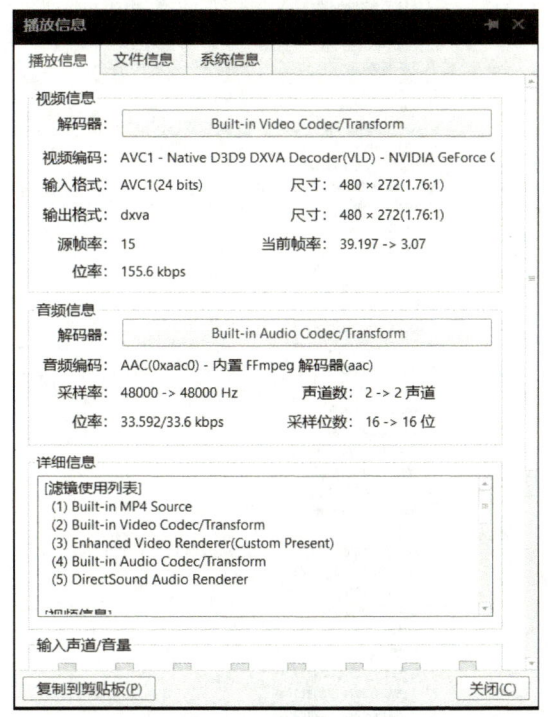

图 4-2-4 视频文件信息读取

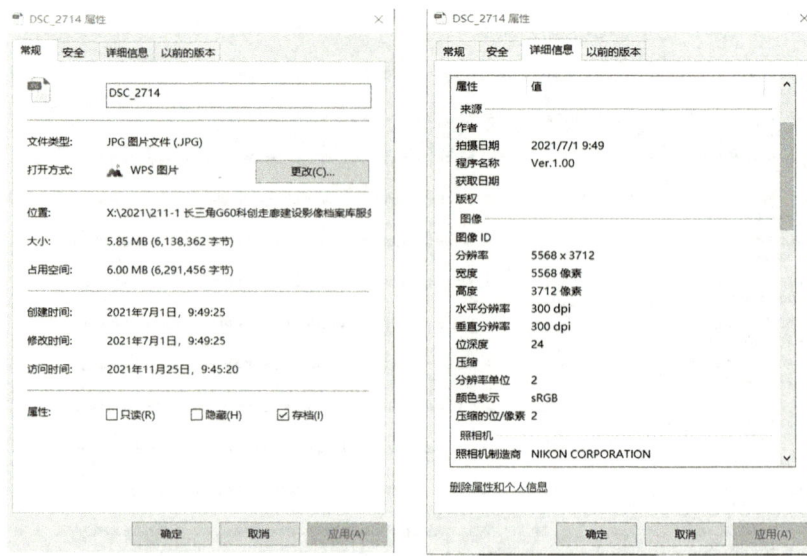

图 4-2-5 图片文件信息读取

图 4-2-6 原始素材内容分析

## 四、制订分类规则

根据素材内容、质量及项目整体规划、历年总结等确定分类方式及方法，与客户沟通并确认素材的分类规则。

（1）按照时间进行分类，若有明确事件时间，可根据事件日期分类；若不能确定，则按照月份或年份进行分类。

（2）按照项目类型进行分类，例如：重大工程、重大活动、专题会议、党建联建等。

（3）按照素材具体用途进行分类，例如：媒体宣传、全程留痕、新旧对比等。

（4）若项目涉及范围大，覆盖面广，可根据区域进行分类，如按省、市、区等层级分类。

（5）按照单位和部门进行分类，例如：党委、团委、行政办公室、工会等。

根据素材分析及分类规则评估工作量，再根据预估工作量和项目节点判断所需人员数量、工作周期等，制订出相应工作计划。

## 五、素材整理与优化

根据既定分类规则将原始素材进行规范化逐级分类、重命名。统一按照"项目编号+时间+内容"的形式重命名，便于后期检索和调取素材。对视频和照片进行优化处理，整理过程中如发现内容不清晰、不明确的素材，应归纳汇总并及时与客户沟通。

按照既定的分类方案对原始素材重新分类，同时过滤重复数据，并对无规则命名的原始文件按照统一命名规则重命名，使无序信息有序化，便于后期检索、调取（图 4-2-7）。

图 4-2-7　原始素材整理命名后的预览

笔记

对分类整理后的素材进行优化，建立与原素材一一对应的成果文件夹，形成可长期保存且方便调取的原始素材和随时可用的成果素材（图 4-2-8）。

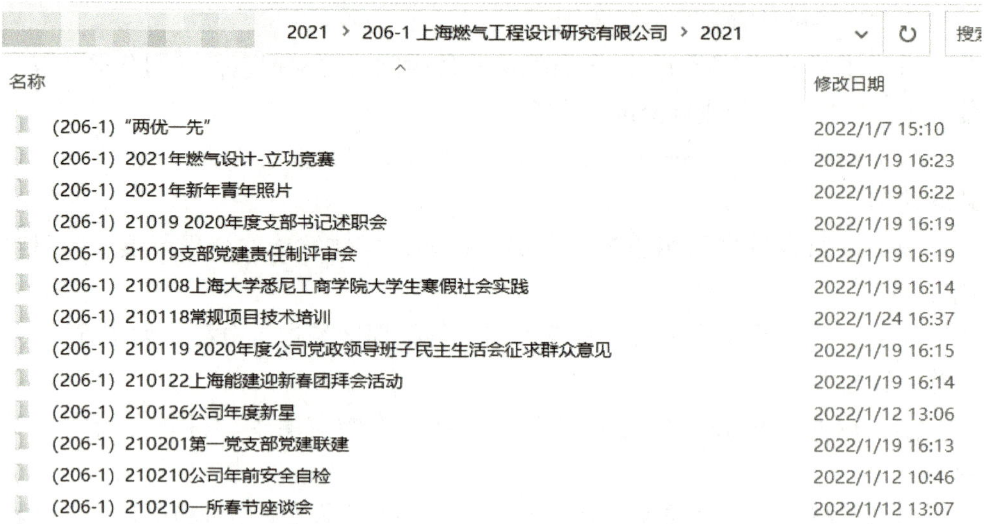

2021 › 206-1 上海燃气工程设计研究有限公司 › 2021
名称
修改日期
(206-1) "两优一先" 2022/1/7 15:10
(206-1) 2021年燃气设计-立功竞赛 2022/1/19 16:23
(206-1) 2021年新年青年照片 2022/1/19 16:22
(206-1) 21019 2020年度支部书记述职会 2022/1/19 16:19
(206-1) 21019支部党建责任制评审会 2022/1/19 16:19
(206-1) 210108上海大学悉尼工商学院大学生寒假社会实践 2022/1/19 16:14
(206-1) 210118常规项目技术培训 2022/1/24 16:37
(206-1) 210119 2020年度公司党政领导班子民主生活会征求群众意见 2022/1/19 16:15
(206-1) 210122上海能建迎新春团拜会活动 2022/1/19 16:14
(206-1) 210126公司年度新星 2022/1/12 13:06
(206-1) 210201第一党支部党建联建 2022/1/19 16:13
(206-1) 210210公司年前安全自检 2022/1/12 10:46
(206-1) 210210一所春节座谈会 2022/1/12 13:07

图 4-2-8　原始素材优化后的预览

## 六、上传入库

更新交付容量
==信息输出==
全部上传完成，5秒后刷新窗口
上传模式: 断点续传
上传中请勿转跳或关闭
选择文件 未选择文件
上传
[P] 图片档案
选择文件 未选择文件
上传

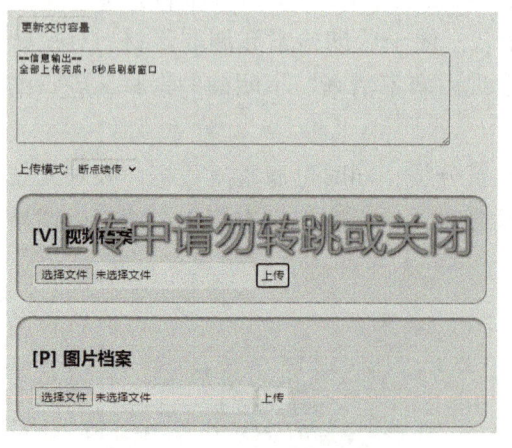

图 4-2-9　影像档案的上传

将已整理优化的照片和视频分别上传至中国政企影像档案库项目服务专区，便于后期分类型检索调阅（图 4-2-9）。

录入事件时间、标题、地点、关键字、内容简介，可根据时间和事件内容快速检索到所需素材（图 4-2-10）。

添加关键字、人脸识别等信息，可批量查找同类型素材，也可根据人脸识别快速检索并批量下载素材（图 4-2-11 和图 4-2-12）。

将一定量的素材样本上传后，应及时与客户沟通有无修改意见，若有，应及时修改整理规则；若无，则继续整理上传工作。

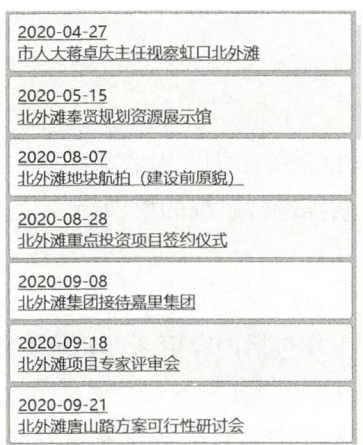
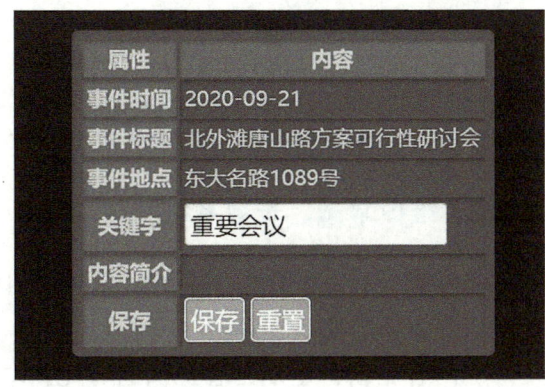

图4-2-10　影像档案的细节信息录入

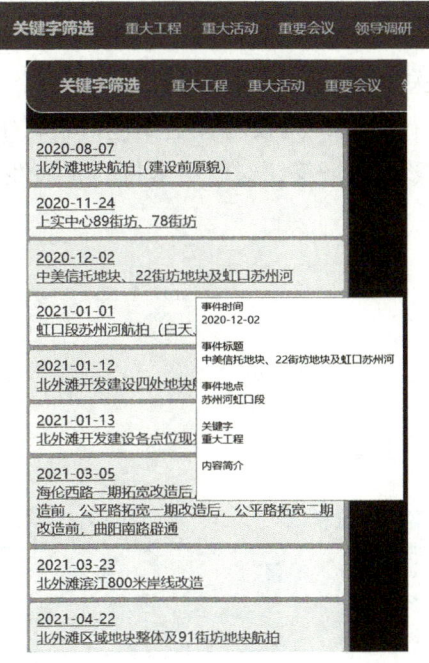

图4-2-11　关键字录入与检索

图4-2-12　影像档案的面部识别

## 七、后期运维

### （一）建立影像档案库运维管理机制

拟订符合客户实际工作情况的影像档案库运维管理机制，明确主体责任和分工，明确双方各层级和部门的对接沟通机制、素材交接流程和方式。由客户组织召开各部门的联席会议，明确影像档案建设和运维的重要意义，健全影像档案库运维管理机制。

### （二）组织专题培训

由客户责任部门组织各部门的实际对接人进行系统培训，对收集纳管、系统账号登录、自主上传素材、权限分级、浏览检索等进行系统的培训。

### （三）维护常态、长效系统

建立常态、长效的影像档案纳管机制，纳管工作包括内容更新、系统更新、检索信息更新、定期验收等。

（1）内容更新：定期与客户沟通有无新增资料纳管入库，确保有素材必入库，入库后必整理、优化、上传，保证客户可及时调取使用全库素材。

（2）系统更新：若系统有新增功能或其他界面、操作方式等的更新，应及时告知客户。

（3）检索信息更新：可根据客户需要对关键字适当调整，新增人脸识别。

（4）定期验收：定期对素材纳管成果进行验收，验收内容主要包括素材主题、文件格式、拍摄标准、分类整理方式、影像质量等，对已传素材的完整性、可用性定期校验，以保证素材数据随时可用。

数字影像档案管理所需准备的设备可填入表 4-2-2。

表 4-2-2　数字影像档案管理设备表

| 序号 | 设备 | 型号 | 数量 | 备注 |
|---|---|---|---|---|
|  |  |  |  |  |
|  |  |  |  |  |
|  |  |  |  |  |
|  |  |  |  |  |
|  |  |  |  |  |
|  |  |  |  |  |
|  |  |  |  |  |

 **学习计划**

学习计划见表 4-2-3。

表 4-2-3 学习计划

| 流程 | 内容 | 问题及反馈 |
| --- | --- | --- |
| 前期沟通 | 了解项目内涵、客户预期、工作目标 | |
| 素材对接 | 批量完成素材交接 | |
| 建库与入库 | 分析资料、制订整理和分类规则、优化素材、将素材上传入库 | |
| 后期运维 | 在导航栏的辅助下掌握系统下载功能 | |

 **学习自测**

描述数字影像档案建库与入库的步骤。

**考核与评价**

本课程是融合了现代学徒制及课程思政的理论实践一体化专业基础课程。职业素养、政治素养及技能素养的考核贯穿整个课程的过程性考核，具体考核项目及内容见表 4-2-4。

表 4-2-4 考核项目及内容

| 考核项目 | 考核内容 | 分值 | 得分 | 备注 |
| --- | --- | --- | --- | --- |
| 知识学习 | 全面了解系统的建库与入库操作步骤 | 20 | | |
| | 熟悉系统的各项中期管理和应用功能 | 20 | | |
| 实践应用 | 通过课程提供的系统学习账号完成项目素材的建库与入库 | 60 | | |
| | 总分 | | | |

笔记

学习过程中的问题与解决方法可填入表4-2-5。

表 4-2-5　问题与解决方法

| 任务实施过程 | 存在的问题 | 解决方法 |
| --- | --- | --- |
|  |  |  |
|  |  |  |
|  |  |  |
|  |  |  |
|  |  |  |

# 模块三

## 数字影像档案管理工作细则

 **工作任务卡**

本模块的工作任务卡见表 4-3-1。

表 4-3-1　工作任务卡

| 任务编号 | 13 | 任务名称 | 数字影像档案管理实践 | | |
|---|---|---|---|---|---|
| 设备型号 | 计算机 | 课时安排 | 2 课时 | | |
| 课程思政点拨 | 1. 在工作中始终保持严谨、专业的态度，对待每一个数字影像档案项目都认真负责；<br>2. 在影像处理和档案管理过程中，注重细节，对每一个环节都进行仔细检查和优化，确保符合专业标准；<br>3. 在处理涉及政治敏感内容的影像资料时，保持高度的政治敏锐性和鉴别力；<br>4. 积极承担社会责任，通过数字影像档案记录和传播正能量，弘扬社会主义核心价值观，促进社会和谐与进步；<br>5. 对于涉及国家秘密或个人隐私的影像资料，严格保密，不泄露相关信息，确保信息安全 | | | | |
| 任务准备 | 1. 技术资料：工作任务卡、《中国档案服务业企业蓝皮书（2020）》；<br>2. 场地：教室或企业实训室；<br>3. 每人有 1 台计算机 | | | | |
| 类别 | 名称 | 参数 | 单位 | 数量（每人） | |
| 工具设备 | 计算机 | — | 台 | 1 | |
|  | MAMS 系统软件 | — | 套 | 1 | |
|  | 音响设备 | — | 套 | 1 | |

笔记

## 知识链接

### 一、数字影像档案初编工作细则

数字影像档案初编工作流程如图 4-3-1 所示。

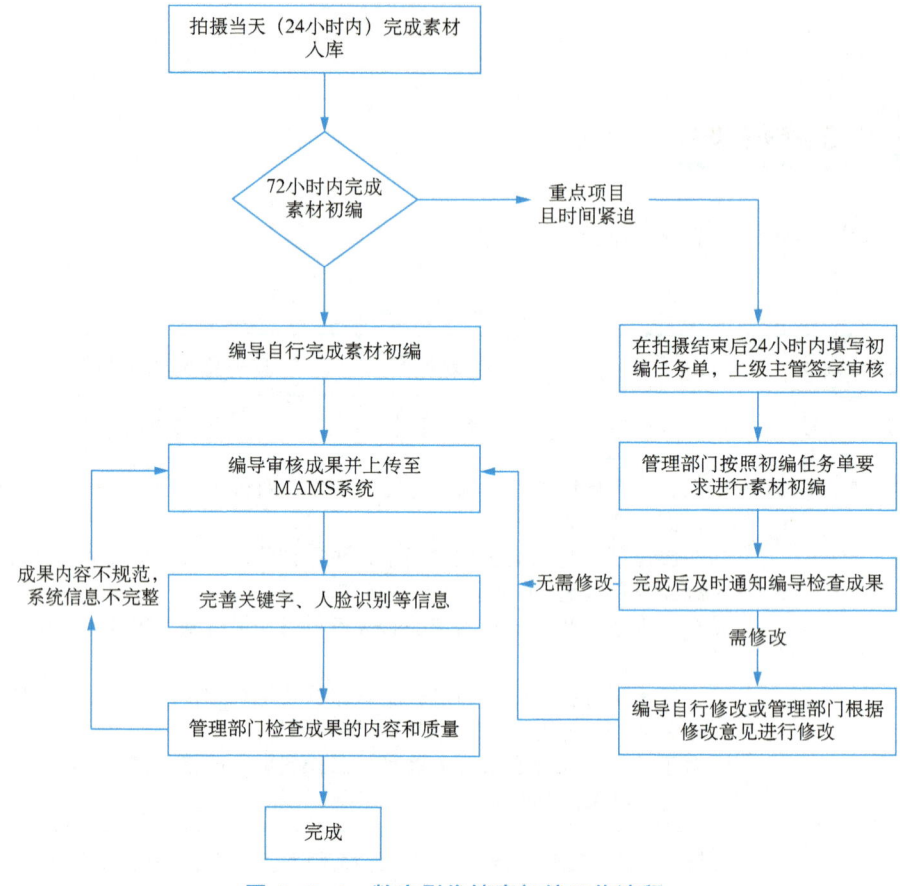

图 4-3-1　数字影像档案初编工作流程

（1）编导须在拍摄当天按照规范和标准完成素材入库（如有特殊情况，入库时间最长不得超过 24 小时）。

（2）编导须在拍摄任务结束后 72 小时内，按照规范和标准完成影像素材的初编，上传至 MAMS 系统并告知管理部门。

（3）若为重点项目且时间紧迫，编导须在素材入库后及时填写初编任务单，由上级主管审核确认后交由管理部门完成初编（编导仍对素材终审内容负责）。

（4）管理部门接到初编任务单后，按照要求在 48 小时内完成初编，并通过 MAMS 系统将初编成果推送至编导。编导确认后，在当日完善人脸识别和关键字等信息，完成上传工作。若有修改意见，应立即告知管理部门或自行修改，确认无误后，在当日完成上传工作。

（5）管理部门在编导上传完成后的24小时内对成果内容进行检查，并把不符合规范和标准的项目反馈给编导，以便及时修改。检查内容包括：原始素材画面稳定性、清晰度、色调等是否符合要求；初编成果的格式、音频、片头字幕是否无误，废镜头是否删除等；系统内事件名称、素材容量大小、关键字、人脸识别信息等的录入是否完善；系统拍摄任务、库内素材文件、成果是否统一；等等。

（6）管理部门每周五汇总一周所有通告并对素材入库、初编等情况进行核对，做到通告、素材、入库内容三单一致，若发现素材未入库、未上传至系统或关键字未补齐等情况，须在周五下午三点前列出问题清单、发出预警，对应编导需在当周内完成修改任务。

（7）管理部门对检查发现的质量、内容问题进行整理归纳，在每周例会集中通报总结。

## 二、实践案例

### （一）照片初编

正常情况下，编导应在72小时内挑选好照片，对其精修处理。若编导外出，时间紧急，编导须与管理部门对接好所需照片的要求，明确领导姓名、景别，初编环节交由管理部门完成。照片的初编案例如图4-3-2所示。

图4-3-2　照片的初编

## (二)视频初编

### 1. 工程类

工程类拍摄一般包含地拍、航拍以及延时拍摄。

须分别对地拍、航拍及延时拍摄的素材进行初编。在常规情况下可按照时间给镜头排序,再将废弃镜头剪掉,加入片头后导出。

地拍视频影像档案的初编如图 4-3-3 所示,航拍视频影像档案的初编如图 4-3-4 所示,延时拍摄视频影像档案的初编如图 4-3-5 所示。

图 4-3-3　地拍视频影像档案的初编

图 4-3-4　航拍视频影像档案的初编

图 4-3-5  延时拍摄视频影像档案的初编

用多机位进行地拍时,可按照工序或者地块分类剪辑视频影像档案。编导须对延时拍摄的素材进行定期维护,保证素材按时入库,填写延时入库登记表,定期整理剪辑。

### 2. 会议类

会议类视频影像档案的初编如图 4-3-6 所示。

图 4-3-6  会议类视频影像档案的初编

笔记

（1）多机位全程拍摄：按照会议流程对音轨进行剪辑，然后导出成片。

（2）单机位拍摄：按照时间顺序给镜头排序，然后将废弃镜头剪掉，加入片头并导出。

（3）单机位全程拍摄且有一个机位稳定器：按照时间顺序给镜头排序，分别导出为全程视频及花絮视频。

（4）双机位全程拍摄且有一个机位稳定器：剪出一条全程视频。

若客户要求保留所有内容，则无须剪辑，按照时间顺序给镜头排序后再加入片头并导出视频即可。

学习准备

设备准备见表 4-3-2。

表 4-3-2 设备准备表

| 序号 | 类别 | 名称 | 型号 | 数量 | 用途 |
| --- | --- | --- | --- | --- | --- |
| 1 | 存储设备 | 硬盘/固态硬盘 | 根据项目需求选择 | 1 | 用于存储原始素材和编辑后的档案 |
| 2 | 拍摄设备 | 摄像机/相机 | 根据项目需求选择 | 1 | 用于拍摄原始素材 |
| 3 | 编辑设备 | 高性能电脑（配备剪辑软件） | 高性能配置 | 至少 1 台 | 用于影像素材的初编、剪辑和后期处理 |
| 4 | 网络设备 | 路由器/交换机 | 根据网络环境选择 | 1 | 用于素材的上传、下载和远程访问 |
| 5 | 系统软件 | MAMS 系统（数字影像管理系统） | 定制或购买 | 1 | 用于数字影像档案的入库、管理和检索 |
| 6 | 辅助软件 | 剪辑软件、人脸识别软件 | 根据系统兼容性选择 | 若干 | 作为 MAMS 系统的辅助工具 |
| 7 | 存储媒介 | 光盘（备用） | 可刻录光盘 | 若干 | 用于长期保存重要数字影像档案 |
| 8 | 稳定设备 | 稳定器（用于拍摄） | 根据拍摄需求选择 | 1 | 用于保持所拍摄画面的稳定 |
| 9 | 外部设备 | 显示器（用于编辑时扩展屏幕） | 高分辨率 | 根据需求配置 | 提高编辑效率 |

## 学习计划

学习计划见表4-3-3。

表4-3-3 学习计划

| 流程 | 内容 | 问题及反馈 |
| --- | --- | --- |
| 了解数字影像档案管理的细则 | 了解细则流程 | |
| 明确初编类型 | 明确图片和视频的初编类型 | |

## 学习自测

（1）编导将素材上传完成后需要检查确认素材的哪些方面？

_____
_____
_____

（2）简述视频影像档案中期管理的类型及内容。

_____
_____
_____
_____

## 考核与评价

本课程是融合了现代学徒制及课程思政的理论实践一体化专业基础课程。职业素养、政治素养及技能素养的考核贯穿整个课程的过程性考核，具体考核项目及内容见表4-3-4。

表4-3-4 考核项目及内容

| 考核项目 | 考核内容 | 分值 | 得分 | 备注 |
| --- | --- | --- | --- | --- |
| 知识学习 | 概述数字影像档案管理的步骤，熟练操作系统 | 20 | | |
| | 根据初编类型进行数字影像档案的入库与素材优化 | 20 | | |

（续表）

| 考核项目 | 考核内容 | 分值 | 得分 | 备注 |
|---|---|---|---|---|
| 实践应用 | 通过课程提供的系统学习账号完成项目素材的中期管理 | 60 | | |
| 总分 | | | | |

## 总结与提高

学习过程中的问题与解决方法可填入表4-3-5。

表 4-3-5　问题与解决方法

| 任务实施过程 | 存在的问题 | 解决方法 |
|---|---|---|
| | | |
| | | |
| | | |

## 情境学习反思

# 学习情境五

# 数字影像档案的数据化制作

模块一
- 数据获取技术

模块二
- 数据清洗与分析技术

模块三
- 数据可视化制作技术

# 模块一
## 数据获取技术

本模块的工作任务卡见表 5-1-1。

表 5-1-1 工作任务卡

| 任务编号 | 14 | 任务名称 | 调查问卷的制作 |
|---|---|---|---|
| 设备型号 | 安装有办公软件的电脑（或手机、平板电脑）、基本书写工具 | 课时安排 | 2 课时 |
| 课程思政点拨 | 1. 养成科学严谨的态度，培养耐心、恒心；<br>2. 掌握数据采集规范和调查问卷制作规范；<br>3. 用市场调研专业术语沟通交流；<br>4. 制作问卷时，时刻站在用户角度，根据用户的思维模式设计问题 | | |
| 任务准备 | 1. 技术资料：工作任务卡、《中国档案服务业企业蓝皮书（2020）》、硬件和软件设备；<br>2. 场地：多媒体实训室；<br>3. 4~5 人一组 | | |

| 类别 | 名称 | 参数 | 单位 | 数量（每组） | 备注 |
|---|---|---|---|---|---|
| 硬件设备 | 电脑 | — | 台 | 1 | 任选其中一种设备 |
| | 智能手机 | — | 部 | 1 | |
| | 平板电脑 | — | 个 | 1 | |
| | 基本书写工具（纸、笔等） | — | 套 | 1 | |
| 软件设备 | 类型 | 举例 | 备注 | | |
| | 文本处理软件 | Microsoft Word、Microsoft PowerPoint | 任选其中一种软件 | | |
| | 小程序 | 问卷星 | | | |

（1）问卷调查在数据制作流程中处于哪个环节？

（2）一份合格的调查问卷必须包含哪几个部分？

（3）调查问卷制作过程中的典型问题有哪些？

数据获取技术

## 一、调查问卷的制作流程

调查问卷制作流程如图 5-1-1 所示。

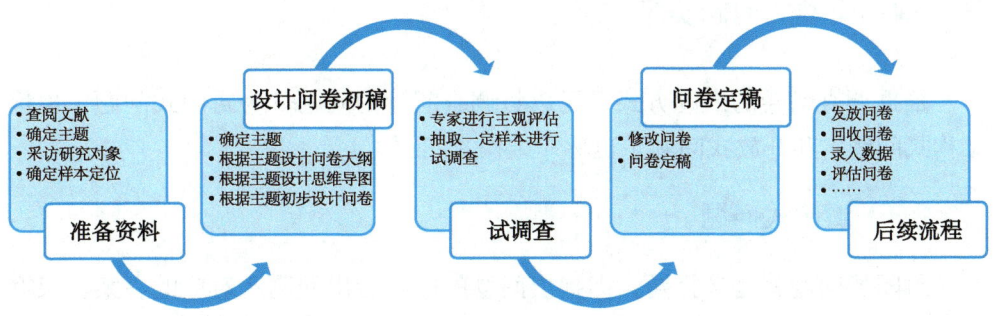

图 5-1-1 调查问卷制作流程

## 二、调查问卷的类型

根据访员是否存在和存在的方式，可以将问卷分为自填式问卷、访问式问卷和混合式问卷等类型。

### （一）自填式问卷

若没有访员存在则采用自填式问卷，可通过非人工发放渠道将问卷发放到被访者手中，由被访者自行填写。自填式问卷的内容完全由被访者自己理解，

笔记

自主思考如何回答。

传统的问卷发放渠道有面访、邮寄、入户留置等。随着互联网的发展，很多借助网络和电子通信工具的问卷制作、发放方式被采用，如依托互联网平台的问卷星、腾讯问卷等，可以集问卷设计和制作、问卷发放、问卷回收、数据采集与分析于一体。

### （二）访问式问卷

使用访问式问卷时需要有访员，访员在调查过程中，面对被访者逐字逐句读出问卷问题和选项，被访者回答后，访员记录答案。有时，访员还会出具一些辅助材料，如图片、卡片、物品等。访员可以与被访者面对面沟通（面访），也可以通过声音沟通（电话、网络通话等）。访问式问卷使被访者和访员有良好的接触，访员能解释清楚问卷问题和意图，但访员语音、语调、语态甚至肢体语言等可能对被访者的答案产生影响，从而影响调查的客观性。

### （三）混合式问卷

混合式问卷兼具自填式问卷和访问式问卷的特点。混合式问卷的一部分问题由被访者自行理解和回答，一部分问题在被访者与访员沟通后由被访者回答。

## 三、调查问卷的问题类型

根据调查问卷的出题方式，可以将调查问卷的问题分为封闭式问题（也称结构式问题）和开放式问题（也称非结构式问题）。

### （一）封闭式问题

封闭式问题就是选择题，即提出问题的同时给出问题所对应的答案。根据提问方式还可分为单选题、多选题、分值评估题等。

封闭式问题的优点：

（1）回答方便。有固定的选项，被访者理解和回答时比较省心、方便；

（2）回收高效。问题含义清晰，方便回答，从而可以减少拒访率，提高问卷的回收率；

（3）分析方便。答案统一、标准化，易于统计和分析。

封闭式问题的不足：

（1）答案是调查者自己定的，容易遗漏一些特殊的答案；

（2）统一的选项必然会牺牲被访者的主观能动性和表现力，无法对问题的答案深入研讨；

（3）难以察觉因被访者对题目的理解不正确而产生的答案偏差。

### （二）开放式问题

开放式问题即只围绕研究目的来提问，一般围绕"是什么（哪些）""为什么""怎么样（看待）"等开放式疑问展开，不设备选答案。

开放式问题的优点：

（1）调查者可以在最大限度内搜集信息，获得的信息不仅丰富、生动，而且有时会给调查带来始料未及的收获；

（2）被访者可以充分发挥主观能动性，充分表达自己的观点；

（3）可以搜集到封闭式问题无法得到的答案，从而弥补封闭式问题的不足，为定性研究提供补充信息和特殊信息。

开放式问题的不足：

（1）答案不易被量化，做定量分析有难度；

（2）被访者的知识背景、知识水平和表达能力有时会影响调查效果；

（3）无法把控访问时间；

（4）统计分析答案时，很考验调查者对内容的理解和判断能力，有时调查者的主观想法会影响调查的客观性。

在调查问卷的实际制作过程中，经常采用的出题方式是封闭式问题和开放式问题相结合的混合式出题方式。出题者应以封闭式问题为主，以开放式问题为补充，妥善分配二者的比例，发挥二者各自的优势。

## 四、调查问卷的格式

一份完整的调查问卷通常由 8 个部分组成，每个部分都有特定的功能，不可或缺。这些部分体现了调查问卷的科学性、有效性和可操作性。

#### 1. 标题

标题是问卷的首要部分，用于简明扼要地概括调查的主题或目的。一个好的标题能够迅速让被访者了解调查的核心内容，激发他们的兴趣和参与意愿。例如，"关于大学生就业意向的调查问卷"直接点明了调查的主题。

#### 2. 问卷说明

问卷说明部分通常包括调查的背景、目的、意义以及调查结果的用途。通过清晰的问卷说明，被访者能够理解调查的重要性，提升信任感和配合度。例如，"本问卷旨在了解大学生就业意向，调查结果将用于改进高校就业指导服务"。

#### 3. 填报说明

填报说明是对问卷填写方式的详细解释，帮助被访者正确理解问题的含义

笔记

和填写要求。例如，"请根据您的实际情况选择最符合的选项，每题只选一个答案"。这部分可以减少因误解导致的填写错误，提高数据的准确性。

#### 4. 调查内容

调查内容是问卷的核心部分，包含所有需要被访者回答的问题。问题设计应遵循逻辑清晰、简洁明了的原则。调查内容包括封闭式问题（如选择题）和开放式问题（如简答题）。问题的顺序也应合理安排，通常遵循从简单到复杂的原则，避免让被访者感到困惑或疲劳。

#### 5. 编码

编码即为每个问题和选项分配唯一的数字或字母代码，便于后续的数据录入和分析。通常在问卷设计时预先设定编码，确保数据处理的高效性和准确性。例如，性别问题可以编码为"1＝男，2＝女"。

#### 6. 被访者基本情况

需要收集被访者的基本信息，如年龄、性别、职业、受教育程度等。这些信息有助于分析不同群体的差异，增强调查结果的代表性和深度。例如，"您的年龄是：A. 18～25 岁，B. 26～35 岁，C. 36～45 岁，D. 46 岁及以上"。

#### 7. 访员情况

如果问卷是通过访员发放的，需要记录访员情况，包括访员的姓名、编号、访问时间等信息。这有助于监督访问过程，确保调查的规范性和数据的真实性。

#### 8. 结束语

结束语是对被访者参与调查的感谢，通常还会简要说明后续的数据处理和使用情况。例如，"感谢您参与本次调查，您的意见对我们非常重要"。结束语不仅体现了对被访者的尊重，还能提升他们的满意度，增加未来参与调查的意愿。

通过这 8 个部分的有机结合，一份调查问卷能够有效地收集到高质量的数据，为后续的分析和决策提供可靠的基础。

### 五、调查问卷制作过程中的要点

（1）问题的数量：问卷篇幅不宜过长，一般回答时间控制在 30 分钟以内为宜。

（2）问题的形式：开放式问题和封闭式问题搭配适当，一般以封闭式问题为主。

（3）问题的措辞：站在调查对象的角度考虑，选择合适的措辞。

（4）问题的排列顺序：注意问题排列逻辑，遵循先易后难、层层深入的原则。

（5）题干的设计：题干设计得简洁明了。

（6）问题的语言：通俗易懂，避免使用专业术语。

（7）提问的方式：公正客观，不带暗示和引导性。

（8）问卷的伦理：除非必要情况，否则应尽量规避隐私问题。

## 六、调查问卷的评估

问卷的评估从信度和效度两方面入手，可从以下三个基本问题入手进行评估。

（1）由被访者的回答而得的数据和资料是否能最大程度地客观反映被访者的真实想法？

（2）调查所得结果是否为调查者所希望得到并能用于研究的内容？

（3）当调查的物理环境，也就是时间、地点和访员发生变化时，对测量的结果会有什么影响？

## 一、数据分类

按照数据的来源可将数据分为一手数据（直接数据）和二手数据（间接数据）两类。一手数据的获取方式有问卷调查、访谈、人际追踪等；二手数据的获取方式有内部资料收集、外部线下资料收集、互联网大数据采集等。

## 二、获取数据的注意事项

（1）根据选题和传播载体的要求选择恰当的数据来源。

（2）溯源数据，尽量避免使用二手数据。

（3）采集权威数据。

（4）获取机构数据时须注意核查机构的性质。

（5）慎重使用非自我采集的数据。

（6）以自我采集的数据为主，谨慎转载数据。

笔记

 学习准备

制作调查问卷时准备的设备可填入表 5-1-2。

表 5-1-2 设备准备表

| 序号 | 设备 | 数量 | 型号 | 备注 |
| --- | --- | --- | --- | --- |
|  |  |  |  |  |
|  |  |  |  |  |
|  |  |  |  |  |
|  |  |  |  |  |

 学习计划

学习计划见表 5-1-3。

表 5-1-3 学习计划

| 流程 | 内容 | 问题及反馈 |
| --- | --- | --- |
| 分组 | 寻找合适的组员，组成团队，以 4~5 人为宜 |  |
| 分配设备 | 按照小组分配设备 |  |
| 学习知识 | 学习并理解相关知识点 |  |
| 头脑风暴 | 小组讨论，对调查主题、调查对象以及调查方式等形成一致决议 |  |
| 制作问卷 | 根据小组决议制作调查问卷 |  |
| 评估问卷 | 参照评估知识点，评估调查问卷 |  |
| 完成作业 | 开展问卷调查：发放问卷、回收问卷、录入数据 |  |

学习自测

（1）一份完整的调查问卷由_____、_____、填写说明、_____、编码、_____、访员情况、_____8 个部分组成。

（2）指出以下问题设计的不足之处。

① 您了解并喜欢李子柒吗？

    A. 了解但没有喜欢的感觉  B. 了解并喜欢  C. 不了解

② 您是否在互联网上接触过有关生育三孩的政策信息？

    A. 是         B. 否

③ 您认为这款饮料吸引您的特点在哪里？

    A. 诱人的色泽      B. 馥郁的香味

    C. 可口的味道      D. 精美的包装

## 考核与评价

本课程是融合了现代学徒制及课程思政的理论实践一体化专业基础课程。职业素养、政治素养及技能素养的考核贯穿整个课程的过程性考核。具体考核项目及内容见表 5-1-4。

表 5-1-4 考核项目及内容

| 考核项目 | | 考核内容 | 分值 | 得分 | 备注 |
| --- | --- | --- | --- | --- | --- |
| 任务准备 | 时间管理 | 提前 10 分钟到岗/教室 | 5 | | |
| | 设备管理 | 提前检查并调试好相关设备，确保设备正常运行 | 3 | | |
| | 预习准备 | 提前了解实训场地，预习实训内容 | 3 | | |
| | 安全作业 | 服从安排，保证实训安全 | 3 | | |
| | 仪态素养 | 维护环境整洁 | 3 | | |
| | | 穿着自然得体，精神饱满 | 3 | | |
| 学习过程 | 任务安排 | 合理分组，使人数搭配合适 | 2 | | |
| | | 明确分工，合理分配任务 | 2 | | |
| | | 合理进行任务规划（时间、内容等） | 2 | | |
| | 小组讨论 | 1. 有组织、有规划、有秩序；<br>2. 目标明确；<br>3. 有效解决问题 | 8 | | |
| | 内容安排 | 主题：<br>1. 内容选择恰当；<br>2. 有可操作性；<br>3. 立意好 | 6 | | |

（续表）

| 考核项目 | | 考核内容 | 分值 | 得分 | 备注 |
| --- | --- | --- | --- | --- | --- |
| 学习过程 | 内容安排 | 标题：<br>1. 围绕主题拟定；<br>2. 表述清晰明确 | 4 | | |
| | | 问卷格式完整 | 16 | | |
| | | 问题表述准确 | 16 | | |
| | | 行文流畅，无语法错误 | 2 | | |
| | | 在规定时间内完成调查 | 2 | | |
| | | 调查方式合理 | 2 | | |
| | 仪态素养 | 言语举止文明 | 2 | | |
| | | 用专业术语表述 | 2 | | |
| | | 语言、肢体语言相互配合 | 2 | | |
| 学习总结 | 学习总结 | 及时填写自测报告 | 5 | | |
| | 安全管理 | "三清三关"：清垃圾、清通道、清纸屑杂物；关门、关窗、关电源 | 2 | | |
| | 学习提升 | 提出问题，找到解决问题的方向 | 2 | | |
| | | 解释解决方法与问题之间的关系 | 3 | | |
| 总分 | | | | | |

## 总结与提高

学习过程中的问题与解决方法可填入表 5-1-5。

表 5-1-5　问题与解决方法

| 任务实施过程 | 存在的问题 | 解决方法 |
| --- | --- | --- |
| | | |
| | | |
| | | |

# 模块二
## 数据清洗与分析技术

 **工作任务卡**

本模块的工作任务卡见表 5-2-1。

表 5-2-1　工作任务卡

| 任务编号 | 15 | 任务名称 | 数据分析基础 |
|---|---|---|---|
| 设备型号 | 安装有办公软件的电脑（或手机、平板电脑）、基本书写工具 | 课时安排 | 2 课时 |
| 课程思政点拨 | 1. 养成科学严谨的态度，培养耐心、恒心；<br>2. 掌握数据分析的基本规则；<br>3. 用专业术语解决数据分析问题；<br>4. 培养问题意识和创新意识 | | |
| 任务准备 | 1. 技术资料：工作任务卡、《中国档案服务业企业蓝皮书（2020）》、硬件和软件设备；<br>2. 场地：多媒体实训室；<br>3. 4～5 人一组 | | |

| 类别 | 名称 | 参数 | 单位 | 数量（每组） | 备注 |
|---|---|---|---|---|---|
| 硬件设备 | 电脑 | — | 台 | 1 | 任选其中一种设备 |
| | 智能手机 | — | 部 | 1 | |
| | 平板电脑 | — | 个 | 1 | |
| | 基本书写工具（纸、笔等） | — | 套 | 1 | |
| 软件设备 | 类型 | 举例 | 备注 | | |
| | 数据处理办公软件 | Microsoft Excel | 带有表格处理功能的办公软件均可 | | |

（1）数据分析在数据制作流程中处于哪个环节？

（2）数据分析的流程有哪些？

（3）数据分析的角度有哪些？

## 一、数据分析的含义和定位

从数据获取工作完成后到输出分析报告前，还需要经过数据的清洗和分析环节。数据分析是根据研究的目的和要求，运用科学的方法和手段，对数据进行定性和定量研究的过程。

## 二、数据分析的步骤

数据分析的步骤有明确问题、界定分析内容、数据清洗、综合研究、概括和总结等，如图 5-2-1 所示。

## 三、明确目标和提出问题

对获取的数据，可以用"5W"模型对数据价值进行前期的科学研判（图 5-2-2）。

## 四、定量分析和定性分析

定量分析和定性分析是数据分析的两种基本方法。

学习情境五　数字影像档案的数据化制作

|  |  |
|---|---|
| 明确问题 | • 明确目标<br>• 提出问题 |
| 界定分析内容 | • 理出内容方向<br>• 确定大纲架构 |
| 数据清洗 | • 处理"脏数据"<br>• 数据脱敏<br>• 数据整理 |
| 综合研究 | • 定量、定性研究<br>• 从分布、趋势、比较、占比、层次等维度分析数据 |
| 概括和总结 | • 编辑数据，集中、综合数据<br>• 总结、预测方向<br>• 概括特征、趋势、关联、因果、结论、启示等 |
| 后续步骤 | • 数据可视化<br>• 综合成果（以报告或其他形式呈现） |

图 5-2-1　数据分析的步骤

图 5-2-2　"5W"分析

📝 笔记

### （一）定量分析

定量分析是指从事物的数量入手，使用统计分析或数学分析方法，在符合统计学原理的基础上，对数据进行量化分析，挖掘出数据中所包含的事物特征、规律以及事物之间的关系。

### （二）定性分析

定性分析是指运用经验、判断能力、逻辑思维、哲学方法以及相关专业理论和方法，对现象进行判断、推理、归纳和演绎，洞察事物间的本质联系，提升调查研究的深度和广度。

定性分析和定量分析有各自的特性和分析倾向，二者不是互相割裂和分离的。定性分析贯穿于整个数据分析过程，定量分析包括定性分析。在从统计学角度对数据进行加工后，还是需要对数据进行必要的定性描述，即定性分析。

## 五、数据分析的相关概念

### （一）总数

总数是指在一定时间、地点和条件下数据的总规模或总水平。总数一般用数值形式表示，是一个绝对值。

### （二）最大值和最小值

最大值和最小值是数据分析中的两个基本概念，最大值是在已有的一组数据中最大的那个数值，最小值是在已有的一组数据中最小的那个数值。最大值和最小值一般用数值形式表示，是绝对值。

### （三）众数

众数是一组数据中出现次数最多的数值，也是一个绝对值。如果有两个或两个以上数据在同一组数据中出现的次数相等，并且次数都是最多的，那么这些数据都是这组数据的众数。如果所有数据出现的次数都一样，那么这组数据没有众数。

### （四）中位数

将一组数据按照大小顺序排列，位于中间位置的那个数就是中位数。中位数也是一个绝对值。如果有 $n$ 个数，$n$ 为奇数，则中位数是第 $(n+1)/2$ 个数；

如果 $n$ 为偶数，则中位数是第 $n/2$ 位以及第 $n/2+1$ 位的数的平均数。

### （五）平均数

平均数也叫均值，是一组数据的总和除以数据个数的值。在统计学中，平均数有很多种定义，本书仅介绍简单算数平均数和加权算数平均数。

简单算数平均数是将一组数据简单相加求和，再除以数据个数所得的结果。其计算公式是：

$$\bar{x} = \frac{x_1 + x_2 + \cdots + x_n}{n} = \frac{\sum x}{n}$$

加权算数平均数是将一组数据分组，将各组的标志值乘以该标志值出现的相应次数（也称权数），之后相加求和，再除以标志值出现的总次数所得到的结果。其计算公式是：

$$\bar{x} = \frac{x_1 f_1 + x_2 f_2 + \cdots + x_n f_n}{f_1 + f_2 + \cdots + f_n} = \frac{\sum xf}{\sum f}$$

### （六）极差

极差是一组数据中最大值与最小值之间的差值，可以显示数据的扩展范围。其计算公式是：

$$R = 最大值 - 最小值$$

### （七）方差 $S^2$（或标准差 $S$）

方差和标准差都是衡量一组数据的分布对平均数的偏离程度或者伸展程度的指标，是观察一组数据离散程度的典型指标。

方差的计算公式是：

$$S^2 = \frac{\sum\limits_{i=1}^{n}(x_i - x)^2}{n-1}$$

标准差是进行离散程度测量时用得最多、最重要的指标，它对现象稳定程度的反应非常敏感，标准差有总体标准差和样本标准差两种，本书仅介绍样本标准差的计算公式：

$$S = \sqrt{\frac{\sum\limits_{i=1}^{n}(x_i - x)^2}{n-1}}$$

### （八）百分比

百分比是数据分析中比较常用的一个衡量数值相对性的指标，用于估计数据在总体中所占的比率（比例）。百分比体现的是局部和总体的关系，如果局部数据占比相加不到100%或者超过100%，就不适合用百分比来体现。百分比的计算公式是：

$$百分比 = \frac{f}{n} \times 100\%$$

其中，$f$ 代表局部数值，即所要计算的部分或项目的数量；$n$ 代表总体数值，即整体的总量或总数。

### （九）同比

同比是当期数值与去年同期数值的比率，是一个相对值。例如，今年2月与去年2月的数据相比就是同比。同比的计算公式是：

$$同比发展 = 当期发展水平 \div 去年同期发展水平 \times 100\%$$
$$同比增长 = （当期发展水平 － 去年同期发展水平）\div 去年同期发展水平 \times 100\%$$

### （十）环比

环比是连续2个统计周期（如连续两月）内的数量的变化比，主要反映现象在前后两期的发展变化情况。环比的计算公式是：

$$环比发展 = 当期数量 \div 上期数量 \times 100\%$$
$$环比增长 = （当期数量 － 上期数量）\div 上期数量 \times 100\%$$

## 知识拓展

### 一、数据清洗的工具

数据清洗是数据分析的必要步骤。数据清洗可以运用Office系列软件，尤其是专为数据处理设计的Microsoft Excel软件内的相关数据处理程序，也可以用数据统计专业软件SPSS，数据处理专业软件Tableau、OpenRefine、Data Wrangler等操作。此外，Python、R等编程语言也具备数据清洗的功能。

### 二、数据清洗的主要内容

在获取原始数据的过程中，会出现很多问题数据，这些问题数据的存在会对数据分析造成干扰，甚至导致最终分析结果出现偏差。这样的问题数据也被称为"脏数据"（dirty data）。在数据分析之前需要对"脏数据"进行处理。除处理"脏数据"外，数据清洗还包括数据脱敏、分组整理等工作。概括来说，数据清洗包含的工作主要有：① 对数据的重复进行处理；② 对数据的多余进行处理；③ 对数据的缺失进行处理；④ 对数据的不一致进行处理；⑤ 对数据的拼写错误进行处理；⑥ 对数据进行分组整理；⑦ 进行数据脱敏。

步骤①～⑤是处理"脏数据"，处理方式有删除、纠正、补缺等，处理完之后可以对数据进行进一步调整，即步骤⑥和⑦。其中，数据脱敏是指为了保护某些隐私问题，对数据进行去隐私化处理，数据脱敏主要针对数据作品制作过程中涉及的伦理、法规等。

数据清洗与分析中准备的设备可填入表 5-2-2。

表 5-2-2　设备准备表

| 序号 | 设备 | 数量 | 型号 | 备注 |
|---|---|---|---|---|
|  |  |  |  |  |
|  |  |  |  |  |
|  |  |  |  |  |
|  |  |  |  |  |

学习计划见表 5-2-3。

表 5-2-3　学习计划

| 流程 | 内容 | 问题及反馈 |
|---|---|---|
| 分组 | 寻找合适的组员，组成团队，以 4～5 人为宜 |  |
| 分配设备 | 按照小组分配设备 |  |
| 学习知识 | 学习并理解相关知识点 |  |
| 头脑风暴 | 小组讨论，对前期调查的数据进行分析，明确问题、数据分析方向、实施手段等 |  |

（续表）

| 流程 | 内容 | 问题及反馈 |
|---|---|---|
| 数据清洗 | 根据小组决议对数据进行清洗和整理 | |
| 数据分析 | 按照需求分析数据 | |
| 完成作业 | 对分析的数据进行整理，为下一个任务做准备 | |

对表 5-2-4 所示某市各区 GDP（gross domestic product，国内生产总值）数据进行数据分析。

（1）以某区为例，选择比较对象，进行总数、平均数、同比、环比分析（小数点后保留两位数字）。

（2）跨区对比，思考可以从哪些角度对数据进行分析。

表 5-2-4　某市各区 GDP 数据　　（单位：万亿元）

| 区名 | 2022 年 Q1 | 2022 年 Q2 | 2022 年 Q3 | 2022 年 Q4 | 2023 年 Q1 | 2023 年 Q2 |
|---|---|---|---|---|---|---|
| A 区 | 120.50 | 125.30 | 130.20 | 135.10 | 140.00 | 145.50 |
| B 区 | 80.20 | 82.50 | 85.00 | 88.00 | 90.50 | 93.00 |
| C 区 | 60.30 | 62.00 | 64.50 | 67.00 | 69.50 | 72.00 |

（表格数据来自中国国家统计局发布的 2022 年和 2023 年第一季度和第二季度某市三个区的 GDP 数据，已脱敏处理。）

考核与评价

本课程是融合了现代学徒制及课程思政的理论实践一体化专业基础课程。职业素养、政治素养及技能素养的考核贯穿整个课程的过程性考核。具体考核项目及内容见表 5-2-5。

表 5-2-5　考核项目及内容

| 考核项目 | | 考核内容 | 分值 | 得分 | 备注 |
|---|---|---|---|---|---|
| 任务准备 | 时间管理 | 提前 10 分钟到岗/教室 | 5 | | |
| | 设备管理 | 提前检查并调试好相关设备，确保设备正常运行 | 3 | | |

（续表）

| 考核项目 | | 考核内容 | 分值 | 得分 | 备注 |
| --- | --- | --- | --- | --- | --- |
| 任务准备 | 预习准备 | 提前了解实训场地，预习实训内容 | 3 | | |
| | 安全作业 | 服从安排，保证实训安全 | 3 | | |
| | 仪态素养 | 维护环境整洁 | 3 | | |
| | | 穿着自然得体，精神饱满 | 3 | | |
| 学习过程 | 任务组织 | 合理分组，使人数搭配合适 | 2 | | |
| | | 明确分工，合理分配任务 | 2 | | |
| | | 合理进行任务规划（时间、内容等） | 2 | | |
| | 小组讨论 | 1. 有组织、有规划、有秩序；<br>2. 目标明确；<br>3. 有效解决问题 | 8 | | |
| | 内容安排 | 1. 内容和资源选择恰当；<br>2. 有可操作性和意义 | 6 | | |
| | | 内容框架合理 | 4 | | |
| | | 数据清洗正确 | 12 | | |
| | | 数据分析透彻 | 20 | | |
| | | 行文流畅，无语法错误 | 2 | | |
| | | 在规定时间内完成数据清洗与分析 | 4 | | |
| | 仪态素养 | 言语举止文明 | 2 | | |
| | | 用专业术语表述 | 2 | | |
| | | 语言、肢体语言相互配合 | 2 | | |
| 学习总结 | 学习总结 | 及时填写自测报告 | 5 | | |
| | 安全管理 | "三清三关"：清垃圾、清通道、清纸屑杂物；关门、关窗、关电源 | 2 | | |
| | 学习提升 | 提出问题，找到解决问题的方向 | 2 | | |
| | | 解释解决方法与问题之间的关系 | 3 | | |
| | | 总分 | | | |

学习过程中的问题和解决方法可填入表5-2-6。

表 5-2-6  问题与解决方法

| 任务实施过程 | 存在的问题 | 解决方法 |
| --- | --- | --- |
|  |  |  |
|  |  |  |
|  |  |  |
|  |  |  |
|  |  |  |

# 模块三

## 数据可视化制作技术

 **工作任务卡**

本模块的工作任务卡见表 5-3-1。

表 5-3-1 工作任务卡

| 任务编号 | 16 | 任务名称 | 数据可视化制作基础 | |
|---|---|---|---|---|
| 设备型号 | 安装有办公软件的电脑（或手机、平板电脑）、基本书写工具 | 课时安排 | 2 课时 | |
| 课程思政点拨 | 1. 正确认识数据可视化制作，培养科学严谨的态度；<br>2. 用专业手段解决数据可视化问题；<br>3. 培养创新思维和战略系统思维 | | | |
| 任务准备 | 1. 技术资料：工作任务卡、《中国档案服务业企业蓝皮书（2020）》、硬件和软件设备；<br>2. 场地：多媒体实训室；<br>3. 4~5 人一组，小组操作 | | | |
| | 类别 | 名称 | 参数 | 单位 | 数量（每组） | 备注 |
| 硬件设备 | 电脑 | — | 台 | 1 | 任选其中一种设备 |
| | 智能手机 | — | 部 | 1 | |
| | 平板电脑 | — | 个 | 1 | |
| | 基本书写工具（纸、笔等） | — | 套 | 1 | |
| 软件设备 | 类型 | 举例 | 备注 | | |
| | 数据处理办公软件 | Microsoft Excel | 带有数据处理功能的办公软件均可 | | |

（1）数据可视化在数据制作流程中处于哪个环节？

（2）数据可视化的表达方式有哪些？

（3）举例说明数据可视化的作用。

数据可视化技术

## 一、数据可视化的概念

对于数据可视化的概念，不同的学者从不同的角度概括。本书引用刘涛等学者在《融合新闻学》中的阐述："通过对数据的清洗和分析，记者能够获得初步的调查结果，数据也真正变得有意义，但只有将数据分析的发现转化为清晰、易懂的形态和流畅、完整的故事，才算真正完成由数据驱动的新闻生产。"这段阐述以新闻为例，阐释了数据可视化在数据作品生产流程中的定位以及数据可视化的概念。

## 二、数据可视化的意义

### （一）能确切表达数据引用者的意图

原始数据本身没有意义，对于同样的数据，不同的人解读出的含义不同，只有将数据加工处理，才能让数据"活"起来，表达数据引用者的意图。

### （二）视觉化表达是最具普适性的信息接收方式

具象、生动、感性的叙事语言是人类最原始，也是最普遍的信息接收方式。所以，将抽象的数据和表格图像化、故事化，能让数据更容易被接受、被理解。

### （三）能包含更多的数据信息

数据可视化可以将不同维度的、非常繁复的数据归纳在一个清晰、易懂、生动的图形里，让信息接收者一目了然。

总之，数据可视化就是信息传递者将抽象的数据信息重新编码，使沟通的信息更方便理解。

## 三、数据可视化的分类

### （一）静态图

数据可视化的静态图形可以基于数据表格，借助数据处理软件的制作工具来完成。不同的软件系统根据不同的应用场景和功能提供了不同的图形设计方案。例如，在 Excel 里，有柱形图、折线图、饼图、条形图、面积图、XY 散点图、地图、股价图、曲面图、雷达图、树状图、旭日图、直方图、箱形图、瀑布图、漏斗图、组合图共 17 种图形（图 5-3-1）；在镝数图表（dychart.com）中，有比较、趋势、占比、分布、流向、层级等使用场景和饼图、条形图、柱状图、散点图、桑基图、漏斗图等图表类型（图 5-3-2）。

此外，也可以根据数据分析需求，整合更多的信息和图形进行创意静态图的设计，如设计一些时间轴、地图或者信息图等。

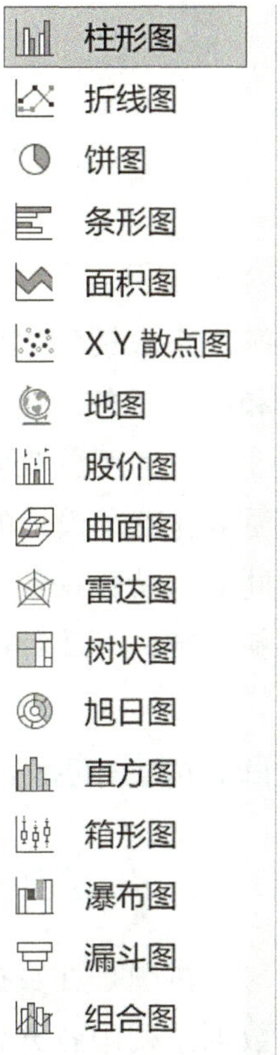

### （二）动态图

动态数据可视化是静态图形的一种升级，它通过动画、过渡效果等手段，使数据随时间或其他变量的变化更加生动地展现出来。这种动态效果不仅能够吸引观众的注意力，还能帮助他们更好地理解数据的演变过程。例如，在展示一个城市过去几年的 GDP 变化时，使用动态折线图可以清晰地看到 GDP 随时间的变化趋势，这比静态的折线图更具说服力。

数据可视化还可以结合游戏元素，创造出更具互动性和趣味性的数据可视化作品。这种设计方式通常用于教育、营销、娱乐等领域，旨在通过游戏化的手段，提高观众的参与度和理解度。例如，在教育领域，可以使用数据可视化

图 5-3-1 Excel 中的静态图形

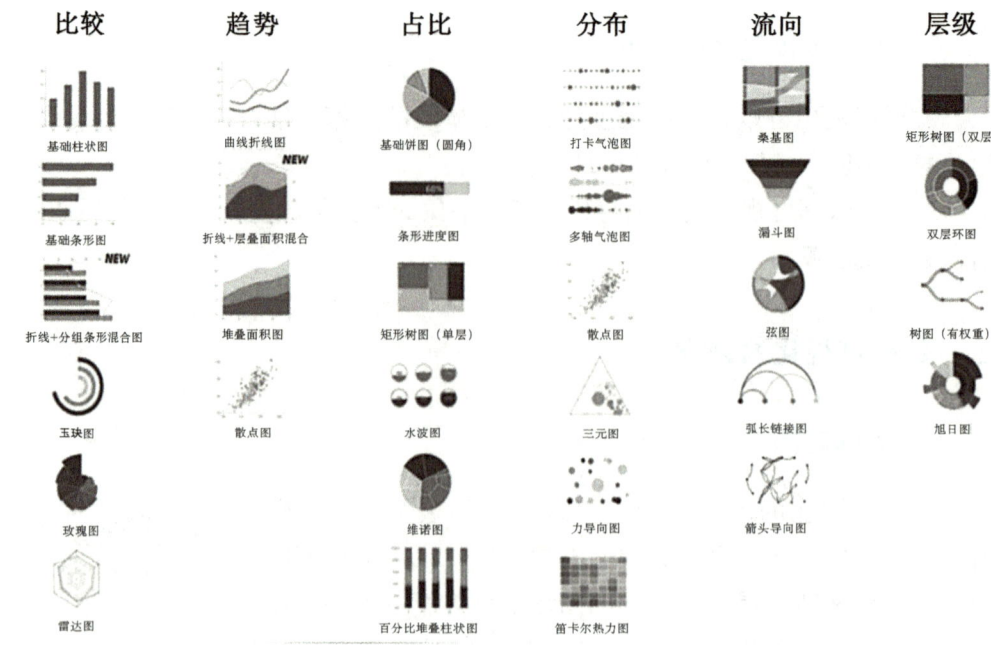

图 5-3-2 镝数图表中的静态图形

游戏来教授学生统计学、数据分析学等知识。这些游戏通过设置各种数据场景和挑战任务，让学生在游戏中学习和掌握数据可视化的技能。在营销领域，企业可以利用游戏化互动设计来吸引消费者的注意，提高品牌知名度和用户黏性。游戏化互动设计的关键在于将复杂的数据和信息转化为简单、有趣的游戏元素，同时保持数据的准确性和完整性。这需要设计师具备扎实的数据分析能力和创新思维，以及对目标受众的深入了解。

## 四、常用的数据可视化图形

### （一）饼图

饼图是在数据可视化图形中最常用的图形之一，饼图以饼状图形显示一个数据系列中各分项的大小以及占总项的比例，也叫扇形图。饼图一般只适用于二维数据，即一个分类变量字段和一个连续变量字段（百分比）在同一个圆饼内呈现。饼图中每一部分的面积表示某个变量对应的百分比，每个部分的变量百分比的总和一定是100%。

如图5-3-3所示饼图，呈现了2024年上海市吃、穿、用、烧的商品零售额分别占社会消费品零售总额的20.7%、24.2%、52.2%和2.9%。

饼图的优点：能简单直观地看出组成成分的占比。

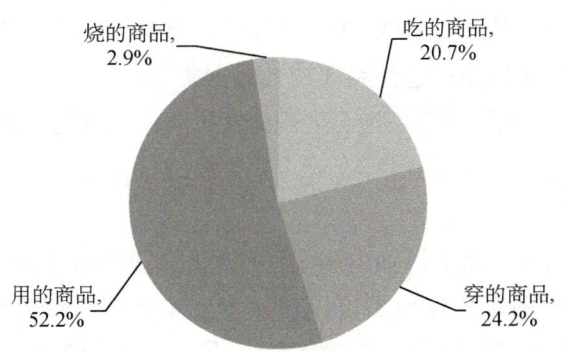

2024年上海市社会消费品零售总额商品类别占比

图 5-3-3　饼图示例

（数据来源：上海市统计局，https://tjj.sh.gov.cn/sjxx/
20250123/cac14db86b39465ab2e6a9c350c3f48c.html）

饼图的缺点：数据项中不能有负值；饼图的切分不能太细，否则会造成数值太接近，影响变量间的区分。

## （二）折线图

折线图是在一个平面坐标轴内，由直线将各数据点连接起来组成的图形，显示数据随着同一因变量变化的趋势，多数情况下能反映数据随时间变化的趋势，所以又称趋势图。它可以清晰展现数据的增减趋势、增减速率、增减规律、波峰和波谷等特征。折线图示例如图 5-3-4 所示。

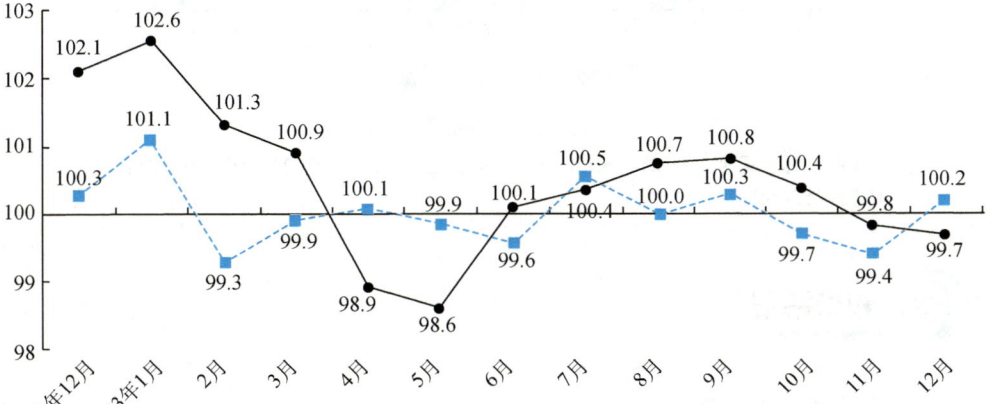

图 5-3-4　折线图示例

（数据来源：上海市统计局，https://tjj.sh.gov.cn/sjxx/20240117/24adf3466957410abc931b3015c3
69ae.html）

折线图的优点：能很好地展现数据沿某个维度的变化趋势；能比较多组数据在同一个维度上的趋势；适合展现较大数据集合。

折线图的缺点：每张图上不适合展现太多折线，也就是不适合比较太多变量。

## （三）柱形图

柱形图是在同一平面坐标轴内用矩形的宽度和高度来表示数据分布的图形，又叫直方图、簇状图等。柱形图可以对一个变量的频数或者百分比进行表示。制作时，一个坐标轴表示需要对比的维度，另一个坐标轴代表相应的数值。例如，横轴是居民类型，纵轴是人均可支配收入（图5-3-5）。柱形图可以水平显示也可以垂直显示，数据可以是绝对数值也可以是百分比等相对数值。

柱形图的优点：简单直观，很容易根据柱形的高低对比数据大小。

柱形图的缺点：不适合对比太多的变量。

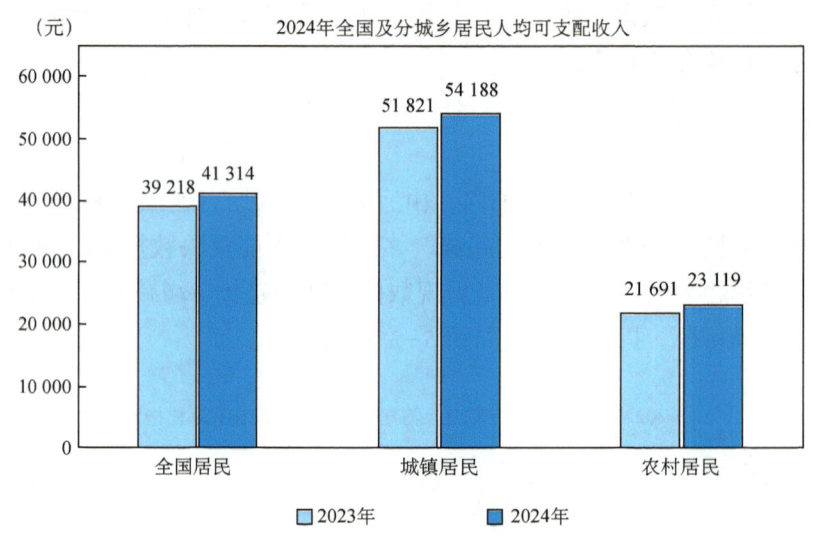

图 5-3-5 柱形图示例

（数据来源：国家统计局，https://www.stats.gov.cn/sj/zxfb/202501/t20250117_1958325.html）

## 知识拓展

### 一、数据制作的故事化

数据制作流程的最后一步是将前期通过各种方法获取的数据进行整理分析和可视化的表达，然后用合适的语言将数据进行整合和描述，以更生动、流畅、易懂的方式传递给信息接收者，精准表达信息传播者的意图，这就是数据故事化的过程。在传统市场调查的流程中，这对应形成调查报告的阶段。

## 二、数据制作故事化的伦理原则

传播者可以在数据制作的故事化过程中根据自己的需求进行一些个性化的展现，但是制作数据类作品时需要遵守以下伦理原则。

### （一）实事求是

数据是论据，制作跟数据有关的作品最基本的就是要尊重数据。一方面，要尊重客观事实，真实反映事物的本来面目，尽量避免出现数据错误。另一方面，要反映数据全貌，多看多分析，对数据进行全面描述，尽量避免断章取义。

### （二）符合大势

数据只是宏观政策或者社会、经济发展趋势的一个截面，数据故事化需要在宏观环境下描述，不能违背历史和当下宏观环境。论述时可以以点带面，但不能以偏概全。

### （三）文题相合

数据只是论证论点的一个证据。在故事化描述的过程中，需要保证论点和论据一致，避免文不对题甚至南辕北辙的情况。

### （四）严谨清晰

在数据描述中，尽量用精准的词汇，避免模棱两可、含糊其词。提出的每一个观点都需要科学严谨，用合理的数据进行论证，或者从调研数据中总结归纳。应避免自编观点，论证不清。

数据可视化制作中准备的设备可填入表 5-3-2。

表 5-3-2　设备准备表

| 序号 | 设备 | 数量 | 型号 | 备注 |
| --- | --- | --- | --- | --- |
|  |  |  |  |  |
|  |  |  |  |  |
|  |  |  |  |  |

## 学习计划

学习计划见表 5-3-3。

表 5-3-3　学习计划

| 流程 | 内容 | 问题及反馈 |
| --- | --- | --- |
| 分组 | 寻找合适的组员，组成团队，以 4~5 人为宜 | |
| 分配设备 | 按照小组分配设备 | |
| 学习知识 | 学习并理解相关知识点 | |
| 头脑风暴 | 小组讨论，为经过清洗和分析的数据选择恰当的可视化表达方式 | |
| 数据可视化 | 根据小组决议对数据进行可视化处理 | |
| 数据故事化 | 根据项目目标，对数据进行故事化编辑 | |
| 完成作业 | 梳理数据作品制作过程，总结思维导图，并进行分享 | |

## 学习自测

（1）自选分析对象，对以下表格（表 5-3-4）进行数据分析与图形化处理（制作柱形图、饼图、折线图）。

（2）对数据分析和图形化处理的结果进行故事化阐述。

（3）思考并尝试以下问题。

①制作动态图；②进行交互表达的设计。

表 5-3-4　某班 30 名高中生各科成绩　　　　　（单位：分）

| 学号 | 语文 | 数学 | 英语 | 物理 | 化学 | 生物 |
|---|---|---|---|---|---|---|
| 01 | 85 | 92 | 78 | 80 | 88 | 90 |
| 02 | 76 | 85 | 82 | 79 | 75 | 80 |
| 03 | 90 | 76 | 88 | 92 | 85 | 78 |
| 04 | 88 | 89 | 76 | 84 | 90 | 82 |
| 05 | 79 | 70 | 80 | 75 | 79 | 77 |
| 06 | 92 | 95 | 90 | 88 | 92 | 94 |
| 07 | 80 | 68 | 75 | 70 | 70 | 75 |
| 08 | 85 | 82 | 85 | 87 | 80 | 85 |
| 09 | 77 | 90 | 79 | 85 | 82 | 76 |
| 10 | 90 | 88 | 92 | 89 | 95 | 88 |
| 11 | 75 | 72 | 68 | 74 | 69 | 70 |
| 12 | 88 | 93 | 85 | 91 | 87 | 90 |
| 13 | 78 | 80 | 77 | 76 | 80 | 79 |
| 14 | 92 | 84 | 90 | 86 | 92 | 85 |
| 15 | 76 | 75 | 75 | 72 | 76 | 72 |
| 16 | 85 | 90 | 80 | 85 | 85 | 87 |
| 17 | 82 | 65 | 78 | 68 | 72 | 74 |
| 18 | 90 | 87 | 87 | 90 | 89 | 91 |
| 19 | 79 | 79 | 79 | 77 | 81 | 80 |
| 20 | 88 | 94 | 84 | 88 | 94 | 86 |
| 21 | 74 | 69 | 70 | 67 | 74 | 69 |
| 22 | 95 | 91 | 95 | 93 | 91 | 95 |
| 23 | 77 | 77 | 72 | 78 | 73 | 77 |
| 24 | 85 | 85 | 85 | 82 | 88 | 83 |
| 25 | 80 | 92 | 81 | 87 | 84 | 81 |
| 26 | 90 | 90 | 86 | 90 | 90 | 89 |

（续表）

| 学号 | 语文 | 数学 | 英语 | 物理 | 化学 | 生物 |
|---|---|---|---|---|---|---|
| 27 | 76 | 74 | 74 | 71 | 77 | 71 |
| 28 | 82 | 88 | 79 | 84 | 83 | 84 |
| 29 | 78 | 67 | 76 | 70 | 68 | 76 |
| 30 | 93 | 86 | 91 | 85 | 93 | 87 |

## 考核与评价

本课程是融合了现代学徒制及课程思政的理论实践一体化专业基础课程。职业素养、政治素养及技能素养的考核贯穿整个课程的过程性考核。具体考核项目及内容见表5-3-5。

表 5-3-5　考核项目及内容

| 考核项目 | | 考核内容 | 分值 | 得分 | 备注 |
|---|---|---|---|---|---|
| 任务准备 | 时间管理 | 提前10分钟到岗/教室 | 5 | | |
| | 设备管理 | 提前检查并调试好相关设备，确保设备正常运行 | 3 | | |
| | 预习准备 | 提前了解实训场地，预习实训内容 | 3 | | |
| | 安全作业 | 服从安排，保证实训安全 | 3 | | |
| | 仪态素养 | 维护环境整洁 | 3 | | |
| | | 穿着自然得体，精神饱满 | 3 | | |
| 学习过程 | 任务组织 | 合理分组，使人数搭配合适 | 2 | | |
| | | 明确分工，合理分配任务 | 2 | | |
| | | 合理进行任务规划（时间、内容等） | 2 | | |
| | 小组讨论 | 1. 有组织、有规划、有秩序；<br>2. 目标明确；<br>3. 有效解决问题 | 8 | | |
| | 内容安排 | 1. 内容和资源选择恰当；<br>2. 有可操作性和意义 | 6 | | |
| | | 内容框架合理 | 4 | | |
| | | 图形选择合理 | 20 | | |

(续表)

| 考核项目 | | 考核内容 | 分值 | 得分 | 备注 |
|---|---|---|---|---|---|
| 学习过程 | 内容安排 | 图形设计美观 | 7 | | |
| | | 图形描述客观贴切 | 7 | | |
| | | 行文流畅，无语法错误 | 2 | | |
| | | 在规定时间内完成数据可视化制作 | 2 | | |
| | 仪态素养 | 言语举止文明 | 2 | | |
| | 仪态素养 | 用专业术语表述 | 2 | | |
| | | 语言、肢体语言相互配合 | 2 | | |
| 学习总结 | 学习总结 | 及时填写自测报告 | 5 | | |
| | 安全管理 | "三清三关"：清垃圾、清通道、清纸屑杂物；关门、关窗、关电源 | 2 | | |
| | 学习提升 | 提出问题，找到解决问题的方向 | 2 | | |
| | | 解释解决方法与问题之间的关系 | 3 | | |
| 总分 | | | | | |

## 总结与提高

学习过程中的问题与解决方法可填入表 5-3-6。

表 5-3-6　问题与解决方法

| 任务实施过程 | 存在的问题 | 解决方法 |
|---|---|---|
| | | |
| | | |
| | | |
| | | |

## 情境学习反思

# 学习情境六

## 数字影像档案的智能化应用

模块一
- 无人机倾斜摄影技术应用

模块二
- 特种摄影技术应用

# 模块一
## 无人机倾斜摄影技术应用

 笔记

 工作任务卡

本模块的工作任务卡见表 6-1-1。

表 6-1-1　工作任务卡

| 任务编号 | 17 | 任务名称 | 无人机倾斜摄影技术应用 |
|---|---|---|---|
| 设备型号 | 大疆精灵 4 RTK | 课时安排 | 4 课时 |
| 课程思政点拨 | \multicolumn{3}{l}{1. 培养严谨的科学态度和对细节的关注度；<br>2. 注重数据处理的准确性和模型的精确重建，培养实事求是的科学精神；<br>3. 激发创新精神与实践能力} |
| 任务准备 | \multicolumn{3}{l}{1. 技术资料：工作任务卡、《中国档案服务业企业蓝皮书（2020）》、硬件和软件设备；<br>2. 场地：室外实训基地；<br>3. 3 人一组} |

| 类别 | 名称 | 参数 | 单位 | 数量（每组） |
|---|---|---|---|---|
| 硬件设备 | 电脑 | 适配 | 台 | 1 |
| | 多旋翼无人机 | 适配 | 台 | 1 |
| | 挂载相机 | 适配 | 个 | 1 |
| | 无人机图传设备 | 适配 | 套 | 1 |
| | 无人机存储卡 | 高速 | 张 | 2 |

 问题引导

（1）为什么最常用的飞行平台为多旋翼无人机？

（2）在什么样的航空摄影测量任务中选择单相机？在什么样的航空摄影测量任务中选择多相机？

（3）无人机航空建模和传统建模的区别是什么？

倾斜摄影技术的应用

## 一、多旋翼无人机航空摄影测量的定义

多旋翼无人机航空摄影测量即通过无人机低空摄影获取高清影像数据，再通过重建软件生成三维点云与模型（图6-1-1和图6-1-2），并结合无人机定位信息、相机姿态信息，获得地形、地面物体的三维坐标值，实现地理信息的快速获取。

图6-1-1　实景贴图模型

图6-1-2　实景无贴图模型

## 二、无人机航空摄影测量技术原理

无人机航空摄影测量技术的原理为通过无人机低空摄影，获取物体的多视角照片，计算机提取照片特征点，特征点一般为照片中的角点、边缘点等灰度值较大的点。然后对共用同一特征点的三张以上照片进行三角测量（图6-1-3）。

## 三、无人机航空摄影测量系统的构成

无人机航空摄影测量系统由飞行平台、任务设备和建模软件三部分构成。

图 6-1-3　三角测量

### （一）飞行平台

飞行平台指的是飞行器，负责搭载任务设备进行数据采集。飞行器按结构可分为固定翼无人机、多旋翼无人机及复合翼无人机。我们常用的飞行器为多旋翼无人机。三种无人机的特点见表 6-1-2。

表 6-1-2　三种无人机的特点

| 机型 | 影像分辨率 | 作业速度 | 作业时长 |
| --- | --- | --- | --- |
| 固定翼无人机 | 低 | 快 | 长 |
| 多旋翼无人机 | 高 | 慢 | 短 |
| 复合翼无人机 | 低 | 快 | 中 |

### （二）任务设备

任务设备按相机数量可分为单相机及多相机，如大疆精灵 4 RTK 为单相机无人机（图 6-1-4），它可通过云台控制镜头朝向，从而获取不同角度的照片。

图 6-1-4　大疆精灵 4 RTK（单相机）

多相机一般由垂直向下的相机和多个不同倾斜角度的相机组成（图6-1-5）。飞行一次就可以采集不同方向、不同角度的照片，但这种相机体积、重量较大，一般挂载在大疆经纬 M300 RTK 等负载较大的机型上。

图 6-1-5　大疆经纬 M300 RTK 挂载五目相机（多相机）

### （三）建模软件

建模软件负责将采集到的照片数据重建为所需要的模型。行业内常见的建模软件有 Context Capture、大疆智图。

### 知识拓展

通过全球导航卫星系统（GNSS）得到的地面点坐标参数以大地坐标系为参照，用大地经度、大地纬度和大地高度表示。大地坐标系是大地测量中以椭球面为基准面建立起来的坐标系。不同的导航系统采用的坐标系不同，全球定位系统（GPS）采用 WGS-84 坐标系；北斗卫星导航系统采用 2000 国家大地坐标系（CGCS2000）。相同的位置在不同的坐标系下经纬度值会有微小差异。

2000 国家大地坐标系是我国新一代大地坐标系，参考椭球为一等位旋转椭球。等位椭球（或水准椭球）定位为其椭球面，是一等位面的椭球。参考椭球的几何中心与坐标系的原点重合，旋转轴与坐标系的 $z$ 轴一致。参考椭球既是几何应用的参考面，又是地球表面及空间正常重力场的参考面。

### 学习准备

无人机拍摄的设备可填入表 6-1-3。

笔记

表 6-1-3　无人机拍摄设备表

| 序号 | 类别 | 名称 | 型号 | 数量 | 备注 |
|---|---|---|---|---|---|
|  |  |  |  |  |  |
|  |  |  |  |  |  |
|  |  |  |  |  |  |
|  |  |  |  |  |  |
|  |  |  |  |  |  |
|  |  |  |  |  |  |

 学习计划

学习计划见表 6-1-4。

表 6-1-4　学习计划

| 流程 | 内容 | 问题及反馈 |
|---|---|---|
| 学习知识点 | 了解无人机航空摄影测量的定义 |  |
|  | 掌握无人机航空摄影测量的步骤 |  |
|  | 熟悉无人机航空摄影测量系统的构成 |  |

### 学习自测

（1）无人机航空摄影测量系统由＿＿＿＿、＿＿＿＿和＿＿＿＿三部分构成。

（2）描述无人机航空摄影测量的定义。

_____

_____

### 考核与评价

本课程是融合了现代学徒制及课程思政的理论实践一体化专业基础课程。

职业素养、政治素养及技能素养的考核贯穿整个课程的过程性考核，具体考核项目及内容见表6-1-5。

表6-1-5 考核项目及内容

| 考核项目 | | 考核内容 | 分值 | 得分 | 备注 |
|---|---|---|---|---|---|
| 工作准备 | 时间管理 | 提前10分钟到岗/教室 | 5 | | |
| | 资料准备 | 提前填写工作任务卡 | 10 | | |
| | 设备准备 | 准备一台多旋翼无人机 | 5 | | |
| 学习过程 | 操控系统调试 | 明确无人机航空摄影测量系统的构成，认识操控平台，掌握建模软件 | 30 | | |
| | 工序安排 | 明确小组成员分工，分别负责借还无人机设备、检查硬件、操控飞行，及时记录问题、制订解决方案并撰写总结报告 | 30 | | |
| 学习总结 | 无人机管理 | 及时填写自测报告，及时使无人机入库 | 10 | | |
| | 问题思考 | 提出问题，找到解决问题的方向 | 10 | | |
| 总分 | | | | | |

## 总结与提高

学习过程中的问题与解决方法可填入表6-1-6。

表6-1-6 问题与解决方法

| 任务实施过程 | 存在的问题 | 解决方法 |
|---|---|---|
| | | |
| | | |
| | | |
| | | |

# 模块二
## 特种摄影技术应用

 笔记

本模块的工作任务卡见表 6-2-1。

表 6-2-1　工作任务卡

| 任务编号 | 18 | 任务名称 | 特种摄影技术应用 | |
|---|---|---|---|---|
| 设备型号 | 特种摄影工具 | 课时安排 | 2 课时 | |
| 课程思政点拨 | 1. 培养爱国情怀，认识到技术创新对于国家发展和增进人民福祉的重要性；<br>2. 勇于探索未知领域，培养创新思维和实践能力；<br>3. 树立正确的职业道德观念，强调诚信、严谨、创新的职业态度，培养团队合作精神和社会责任感 | | | |
| 任务准备 | 1. 技术资料：工作任务卡、《中国档案服务业企业蓝皮书（2020）》；<br>2. 场地：学校操场、实训基地；<br>3. 2～3 人一组，分配设备 | | | |
| 工具设备 | 类别 | 名称 | 参数 | 单位 | 数量（每组） |
| | 专业级全景相机 | 影石 Insta360 Pro 2 | 台 | 1 |
| | 热成像航拍无人机 | 大疆 Mavic 3T | 台 | 1 |
| | 多光谱航拍无人机 | 大疆精灵 4 多光谱版 | 台 | 1 |
| | 水下机器人 | 鳍源 FIFISH V6s | 台 | 1 |

（1）在火灾搜救场景下，如何保持无人机与火灾点之间的安全距离？

（2）在使用多光谱采集数据时，如何保障两个阶段样本数据的准确性？

## 知识链接

### 一、特种摄影的定义

特种摄影不完全等同于特技摄影，特技摄影主要指运用特技工艺技术，以普通的或特殊的摄影设备，完成特技镜头的摄制。特种摄影更多地取决于拍摄设备，如显微摄影、X光摄影等均为特种摄影。

### 二、特种摄影的应用

摄影特种化是数字影像档案行业发展的趋势。目前，特种摄影逐步应用于农业、应急作业和水域作业等领域。

#### （一）农业

对于农业监测而言，多光谱影像相较于人眼观察能提供更多准确的信息，帮助人们观察植物状况（图6-2-1）。

图6-2-1　大疆精灵4多光谱版应用于农业监测

在农作物生长的各个阶段，多光谱影像皆可提供许多信息，这些信息连同后续分析出的NDRE（归一化差异红色边缘指数）、NDVI（归一化植被指数）等植被指数数据，可帮助农业从业者及时作出应对，从而降低运营成本、提高产量。

多光谱影像更可作用于环境监察，使得涉及植物的环境监察工作变得更为智能高效，如将多光谱影像用于监测森林健康、测量生物量、绘制海岸线图或管理河岸植被等环境监察工作。

### （二）应急作业

迅速、准确处置险情并保障人员安全是应急工作的重大挑战。可以采用具备热成像、高联动变焦功能的特种设备，让应急人员及时获得精准的数据支持，提升决策能力以及工作安全性。

特种摄影设备在城市消防救援、森防防火灭火、野外走失救援、自然灾害救援等场景中应用广泛。

火灾现场环境复杂、起火面积大，消防人员在信息缺失的情况下进入火场风险极高。受建筑和烟雾遮挡时，消防人员难以精准识别起火点和高温区域，无法及时进行合理部署。特种设备可以快速构建火场的立体监控体系。可见光相机可以全面呈现现场，热成像相机可以穿透烟雾以及部分建筑物的遮挡，获取温度分布情况，协助消防员准确识别起火点和高温区域。可通过无线网络将现场画面实时回传至后方指挥中心，让指挥人员掌握现场信息，科学指挥调度（图6-2-2）。

图 6-2-2　火场中的热成像与实时图像

### （三）水域作业

水下机器人又被称为无人遥控潜水器，是一种工作于水下的极限作业机器人。因为水下环境恶劣危险，且人的潜水深度有限，所以水下机器人已成为水下作业的重要工具（图6-2-3）。

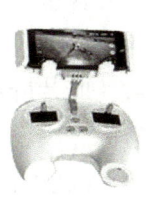

图 6-2-3　水下机器人鳍源 FIFISH V6s

水下机器人的应用领域包含：安全搜救、桥梁检查、船舶河道桥梁工程、科研教学、水下摄影。

水下机器人可在高度危险的环境、被污染的环境以及可见度为零的水域代替人工长时间作业。水下机器人一般配备声呐系统、摄像机、照明灯和机械臂等装置，能提供实时视频、声呐图像，并且能抓起重物（图 6-2-4）。

图 6-2-4　水下机器人工作场景

多光谱相机有五种成像指数。

（1）NDVI（归一化植被指数）：反映植被长势和营养信息，适用于植被生长状态和植被覆盖情况的监测。

（2）GNDVI（绿色植被指数）：反映植被因缺水、缺素或者成熟而产生的生物量减少情况。

（3）NDRE（归一化差异红色边缘指数）：反映植被的不同变量，如叶绿素、糖分含量。

（4）LCI（叶片叶绿素指数）：叶片叶绿素含量是评估植被长势和产量的重要指数，叶片叶绿素指数是评价植被营养胁迫程度、病害程度、生长及衰老程度的指标之一。

（5）OSAVI（土壤调节植被指数）：基于 NDVI 和相关观测数据提出土壤调节植被指数，用以去除土壤背景因素对植被指数的影响。

学习准备

特种摄影的设备可填入表 6-2-2。

表 6-2-2　特种摄影设备表

| 序号 | 类别 | 名称 | 型号 | 数量 | 备注 |
| --- | --- | --- | --- | --- | --- |
|  |  |  |  |  |  |
|  |  |  |  |  |  |
|  |  |  |  |  |  |
|  |  |  |  |  |  |
|  |  |  |  |  |  |
|  |  |  |  |  |  |

学习计划

学习计划见表 6-2-3。

表 6-2-3　学习计划

| 流程 | 内容 | 问题及反馈 |
| --- | --- | --- |
| 学习知识点 | 了解特种摄影的含义 |  |
|  | 明确特种摄影在数字影像档案中的应用 |  |
|  | 熟悉特种摄影设备 |  |

## 学习自测

（1）数字影像档案特种摄影应用于_____、_____和_____领域。

（2）简述特种摄影和特技摄影的不同。

_____

_____

## 考核与评价

本课程是融合了现代学徒制及课程思政的理论实践一体化专业基础课程。职业素养、政治素养及技能素养的考核贯穿整个课程的过程性考核，具体考核项目及内容见表6-2-4。

表6-2-4 考核项目及内容

| 考核项目 | | 考核内容 | 分值 | 得分 | 备注 |
|---|---|---|---|---|---|
| 工作准备 | 时间管理 | 提前10分钟到岗/教室 | 5 | | |
| | 资料准备 | 提前填写工作任务卡 | 10 | | |
| | 知识准备 | 了解特种摄影的种类 | 5 | | |
| 学习过程 | 认知特种摄影硬件 | 初步使用并掌握多光谱无人机的飞行操作 | 30 | | |
| | 工序安排 | 明确小组成员分工，分别负责借还无人机设备、记录摄影数据、为摄影图形建模，小组合作撰写总结报告 | 30 | | |
| 学习总结 | 特种摄影设备的使用 | 及时填写自测报告，及时使无人机入库，搭建完整的数字建模 | 10 | | |
| | 问题思考 | 提出问题，找到解决问题的方向 | 10 | | |
| 总分 | | | | | |

## 总结与提高

学习过程中的问题与解决方法可填入表6-2-5。

📝 笔记

表 6-2-5 问题与解决方法

| 任务实施过程 | 存在的问题 | 解决方法 |
|---|---|---|
|  |  |  |
|  |  |  |
|  |  |  |
|  |  |  |

### 📊 情境学习反思

# 附录
## 数字影像档案后期成果应用案例

（1）除了常见的各类专题片，数字影像档案的后期成果还有什么应用方式？

（2）年度服务报告主要包含哪些部分？

数字影像档案服务报告是对客户或项目在一个年度或合同期内的服务进行总结的书面报告，可以供客户分析拍摄内容，回顾精彩画面，提出下一个服务周期的意见和建议。一般分为数字影像档案库概况、项目执行情况、服务清单和年度服务工作总结四个部分。

### 一、数字影像档案库概况

数字影像档案库概况包括对数字影像档案库的简单介绍以及本项目数字影像档案库的建设情况。

数字影像档案库是一种"重点工作留痕+阶段总结汇报"的创新工作方法，主要负责将单位年度重点工作以及主要项目的全过程进行高清影像记录，并且建立专项数据库以便长期管理。可根据实际需要与汇报口径剪辑成片或制作图文并茂的工作总结报告。数字影像档案库已是全市多个项目的重要工作方法。在上海市民生项目和重大工程推进工作中，数字影像档案库提供全过程服

笔记

务，提供最有效、专业的影像记录，通过翔实直观的影像素材，大幅提升了沟通汇报效率，多次获得市级、区级主要领导的肯定。

## 二、项目执行情况

项目执行情况包括合同约定的服务内容和实际执行内容。

第十届中国花卉博览会（简称"花博会"）作为上海市重大工程项目，在项目建设过程中采用全程数字影像档案服务，服务内容如下：

自 2018 年 11 月起，截至 2021 年 7 月 28 日，共拍摄 115 次，其中地拍 87 台次，航拍 28 台次；工程延时拍摄自 2018 年 11 月 20 日起，截至 2021 年 5 月 10 日共计拍摄 31 个月，实际合成有效延时素材 184 分钟；截至 2018 年 11 月 2 日，存储容量共使用 1 584 GB，其中照片共 187 GB，视频共 1 397 GB。

## 三、服务清单

以第十届中国花卉博览会的数字影像档案服务为例，部分服务清单见表 1。

表 1 服务清单

| 拍摄时间 | 拍摄主题 | 地拍次数 | 航拍次数 | 素材容量（GB） |
| --- | --- | --- | --- | --- |
| 2018-11-20 | 花博会指挥部揭牌仪式 | 1 | 0 | 25.6 |
| 2019-05-09 | 花博会奠基仪式彩排 | 1 | 1 | 10.5 |
| 2019-05-10 | 花博会园区建设奠基仪式 | 1 | 1 | 76.9 |
| 2019-08-30 | 花博会园区土地平整、道路铺设航拍 | 0 | 1 | 41.4 |
| 2019-09-20 | 花博会大型临时设施地拍、园区道路建设航拍 | 1 | 1 | 30.8 |
| 2019-09-29 | 花博会开幕倒计时 600 天，光明食品（集团）有限公司董事长是明芳调研 | 1 | 1 | 16.8 |
| 2019-10-24 | 花博会园区基础设施建设拍摄、东平小镇土地平整航拍 | 1 | 1 | 35.28 |
| 2019-12-06 | 花博会国内展区、国际展区现状航拍 | 0 | 1 | 12 |
| 2019-12-12 | 花博会园区大花核心区现状航拍 | 0 | 1 | 16.3 |
| 2019-12-27 | 花博园 1 号门、花博会园区大花核心区、外环现状航拍 | 0 | 1 | 32.11 |
| 2020-01-16 | 花博会党风廉政建设会议 | 1 | 0 | 41.8 |

## 四、年度服务工作总结

年度服务工作总结包括年度内的航拍、地拍、延时拍摄执行情况总结和拍摄重点总结，并应附上相关案例或节点照片；还包括数字影像档案管理情况，数字影像档案库的建设和运维情况、使用情况，应提供相应的数据和清单。

### （一）航拍总结

（1）自2018年11月起根据项目的施工进度和甲方需求，结合天气情况对地块进行航拍，共拍摄248次；

（2）拍摄内容包括：高空全景鸟瞰（图1和图2）、低空工程进度细节拍摄；

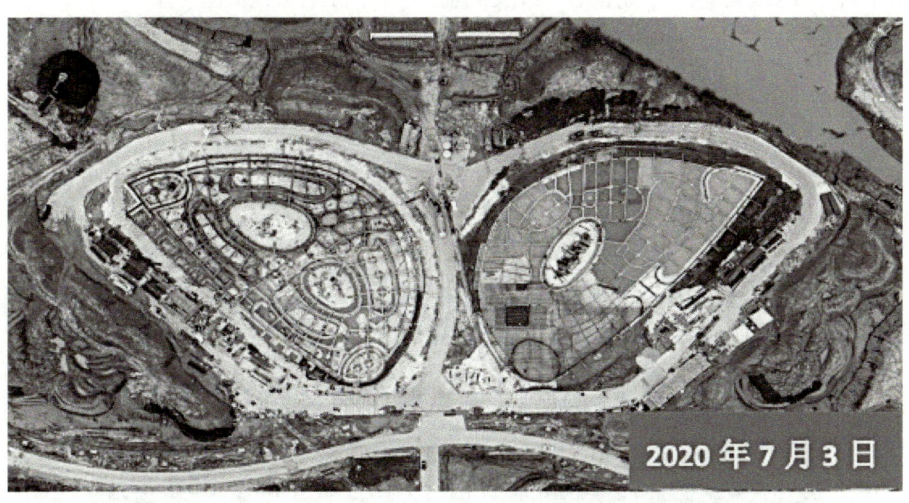

图1　世纪馆建设期高空全景鸟瞰

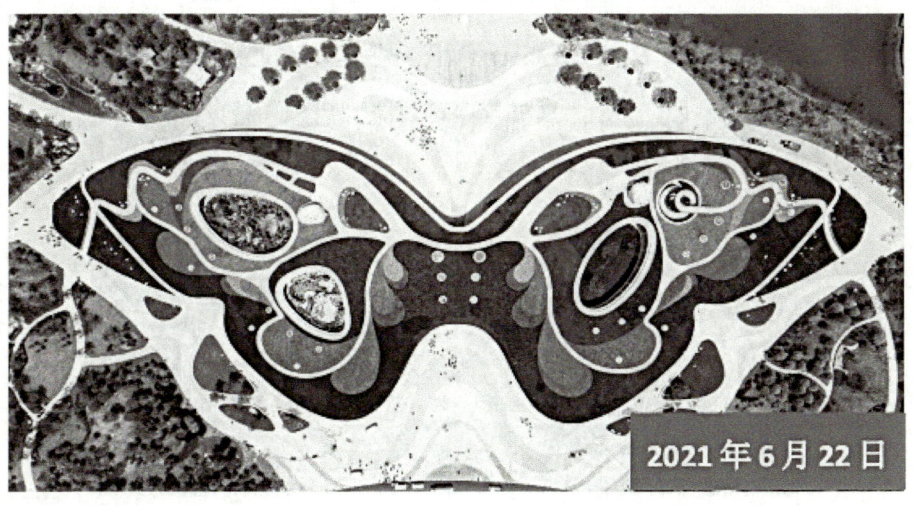

图2　世纪馆建成后高空全景鸟瞰

（3）拍摄角度选择场馆周边；

（4）拍摄内容体现场馆建筑的变化，注重同角度对比拍摄；

（5）每次航拍后的1个工作日内提供4张以上航拍照片；

（6）提供2020年、2021年施工密集期的航拍正投影全景图。

## （二）地拍总结

服务期内共拍摄87次，主要分为园区建设、重要活动、党建引领三个部分。

（1）园区建设：全过程记录复兴馆、世纪馆、竹藤馆（图3）、花艺馆、花栖堂（图4）、百花馆六大展馆的建设过程，与建设方保持紧密联系，覆盖重要施工节点、建设者风采，拍摄严寒及高温天气下工作的场景。

图3　2021年2月光明集团建设者正在"编织"竹藤馆

图4　2020年9月花栖堂主体钢结构封顶

（2）重要活动：活动前一天进行勘场，了解活动流程，根据活动的时间、场地、人物、流程提前安排拍摄人员到场，顺利记录花博会指挥部揭牌仪式、花博会园区建设奠基仪式、花博园项目可持续绿色发展认证颁奖仪式等。

（3）党建引领：积极配合客户记录花博会党风廉政建设会议、"奋战200天"决胜花博会园区建设立功竞赛誓师大会、花博会百花馆封顶暨光明员工骑行活动。

### 学习自测

（1）年度服务报告至少包括_____、_____、_____和年度服务工作总结。

（2）在项目综述中如何把项目的特色和数字影像档案的作用结合起来？

（3）根据自己熟悉的实践案例尝试做一份阶段性数字影像档案工作服务报告。

### 考核与评价

本课程是融合了现代学徒制及课程思政的理论实践一体化专业基础课程。职业素养、政治素养及技能素养的考核贯穿整个课程的过程性考核，具体考核项目及内容见表2。

表 2　考核项目及内容

| 考核项目 | | 考核内容 | 分值 | 得分 | 备注 |
| --- | --- | --- | --- | --- | --- |
| 拍摄准备 | 时间管理 | 提前10分钟到岗/教室 | 5 | | |
| | 设备准备 | 提前填写设备出借单并调试好相关设备，确保无缺失 | 5 | | |
| | 资料准备 | 提前了解实训场地、实训内容，制订拍摄计划 | 5 | | |

（续表）

| 考核项目 | | 考核内容 | 分值 | 得分 | 备注 |
|---|---|---|---|---|---|
| 拍摄准备 | 服从纪律 | 服从分组安排，清扫维护场地 | 3 | | |
| | 安全生产 | 穿着得当，不在场地内吸烟 | 2 | | |
| 学习过程 | 表格填写 | 正确填写数字影像档案拍摄规范卡 | 5 | | |
| | 任务描述 | 准确表达拍摄要点 | 5 | | |
| | 硬件调试 | 准确安装三脚架、外置闪光灯，并在不同光线条件下调整相机参数 | 10 | | |
| | 工序安排 | 1. 小组分工明确；<br>2. 机位安排得当；<br>3. 清楚复述活动相关信息；<br>4. 景别拍摄无遗漏；<br>5. 对关键活动流程拍摄无遗漏；<br>6. 素材归档及时 | 24 | | |
| | 设备描述 | 准确说出设备名称及数量 | 2 | | |
| | 拍摄内容 | 1. 场地全景拍摄准确；<br>2. 摄影图片焦点、曝光、构图得当 | 24 | | |
| 学习总结 | 素材管理 | 及时填写自测报告，正确归档素材 | 5 | | |
| | 问题思考 | 提出问题，找到解决问题的方向 | 5 | | |
| 总分 | | | | | |

## 总结与提高

学习过程中的问题与解决方法可填入表3。

表3　问题与解决方法

| 任务实施过程 | 存在的问题 | 解决方法 |
|---|---|---|
| | | |